Heidi Puffer

ABC des Sprechens

Grundlagen, Methoden, Übungen

HENSCHEL

Bibliografische Information der Deutschen Nationalbibliothek
Die Deutsche Bibliothek verzeichnet diese Publikation in der Deutschen Nationalbibliografie; detaillierte bibliografische Daten sind im Internet über http://dnb.dnb.de abrufbar.

ISBN 978-3-89487-670-8

Die Schreibweise entspricht den Regeln der neuen Rechtschreibung.

Lektorat: Susanne Van Volxem
Umschlaggestaltung: Grafikstudio Scheffler, Berlin
Umschlagbild: Ulrich Sommer
Bilder im Innenteil: Ulrich Sommer
Anatomische Skizzen: Wibke Scharpenberg
Satz und Gestaltung: Das Herstellungsbüro, Hamburg
Druck und Bindung: MultiPrint Ltd.
Printed in the EU

www.henschel-verlag.de

Heidi Puffer
ABC des Sprechens

Inhalt

Vorwort

Dieses Buch wendet sich an Menschen, die sich intensiver mit Sprechen beschäftigen möchten: an alle Interessierten, für die aus beruflichen oder privaten Gründen Sprechen wichtig ist. Hier werden alle am Sprechvorgang beteiligten Faktoren und Prozesse erläutert. Ein umfangreiches Übungsangebot soll dazu dienen, einzelne Elemente gezielt zu bearbeiten.

Sprechen ist eine kommunikative Handlung, die gezielt eine andere Person oder mehrere einbezieht. Obgleich es möglich ist, alleine an einzelnen Bestandteilen des Sprechvorgangs zu arbeiten, ist gleichzeitig nur in der Kommunikation mit anderen, durch Feedback überprüfbar, was sich verändert hat. Das Buch ist daher, wie der Titel formuliert, als Einstieg in das weite Feld mündlicher Kommunikation zu betrachten.

Ich habe mein Wissen auf dem Gebiet mündlicher Kommunikation aus meinen Studien und Ausbildungen zur Diplompädagogin, zur Sprecherzieherin und zur Stimmtrainerin gewonnen. Dabei habe ich besonders von meinem Lehrer Prof. Hellmut Geißner profitiert, der die moderne Sprechwissenschaft in Deutschland wesentlich geprägt hat, sowie von meiner Lehrerin Prof. Kristin Linklater, die als Schauspielerin und Begründerin der Linklater-Methode weltweit erfolgreich ist. Meine beruflichen Erfahrungen habe ich als Schauspielerin, Pädagogin und Dozentin im Theater, in der Erwachsenenbildung und in Verwaltungen gewinnen können.

Ich verknüpfe in meinem Unterricht seit vielen Jahren die Konzepte von Kristin Linklater und Hellmut Geißner in der Weise, wie ich sie verstanden und in meine Praxis übertragen habe. Ich bin dankbar, von diesen beiden Menschen so viel Entscheidendes über die komplexen Zusammenhänge zwischenmenschlicher Kommunikation gelernt zu haben.

Ich hoffe, auch Sie können beim Lesen und Ausprobieren von diesem Wissen und diesen Erfahrungen profitieren.

Heidi Puffer im Juni 2010

Einleitung

Wir sprechen in der Regel dann, wenn wir den Willen nach menschlicher Kommunikation haben, wenn wir also das Bedürfnis verspüren, jemandem etwas sagen zu wollen. Am Akt des Sprechens sind unser Gehirn, unsere Seele und unser Körper beteiligt: Sprechen ist ein ganzheitlicher Akt, ein personaler (und interpersoneller), geistig, emotional und körperlich-sinnlich zu vollziehender Vorgang.

Mündliche Kommunikation wird daher in diesem Buch unter den vier Aspekten »Körper«, »Atmung«, »Stimme« und »Sprechen« behandelt.

Obgleich Sprechen immer als dieser ganzheitliche Akt wirkt und jeder Teilaspekt vom anderen abhängt und ihn mitbestimmt, lassen sich seine Teilbereiche doch zu ihrer Verdeutlichung und Differenzierung isoliert voneinander untersuchen. So wie man ein Gemälde in seinen Details betrachtet, um es daraufhin im Gesamten zu begreifen, so soll Ihnen diese Aufteilung dazu verhelfen, jeden Aspekt mündlicher Kommunikation einzeln erfahrbar zu machen.

Teil A des vorliegenden Buches beschäftigt sich mit den Grundlagen des Sprechens, mit dem Körper, der Atmung und der Stimme als den Faktoren, welche die physischen und emotionalen Voraussetzungen für das Sprechen sind.

Viele Leute, die an einem Sprechtraining teilnehmen, sind zunächst erstaunt darüber, wie eng Sprechen, Emotionen und Körper miteinander verknüpft sind. In der Auseinandersetzung mit den Prozessen mündlicher Kommunikation und bei aufmerksamer Beobachtung im Beruf wie im Alltag (oder im Theater) wird jedoch der Zusammenhang meist schnell klar: Unsere Sprechwirkung wird nicht allein an dem gemessen, was wir sagen, sondern in starkem Maße daran, in welcher Weise wir sprechen, mit welcher inneren Haltung, wie unser Körper Gesagtes unterstützt und wie unsere Stimme klingt. In zahlreichen Seminaren und schriftlichen Ratgebern wird daher auf den »Karrierefaktor Stimme« verwiesen und ein Training zur Körpersprache angeboten.

Damit die Stimme ihre größtmögliche Wirkung erzielen kann, muss sie optimal mit der Sprechatmung verbunden sein. Diese wiederum braucht die angemessene körperliche Unterstützung: Körper, Atem und Stimme bilden zusammen mit unseren persönlichen und kognitiven Fähigkeiten die Basis für das Sprechen.

Die erste Aufmerksamkeit des Buches richtet sich auf den Körper, speziell auf seine inneren Vorgänge, denn unter anderem sorgt die muskuläre Ausgewogenheit zwischen Spannung und Entspannung für eine optimale körperliche Stabilität.

Im darauf folgenden Kapitel wird der Vorgang der Sprechatmung erläutert. Die zahlreichen Übungen sollen Ihnen zu mehr Flexibilität in der Atmungsmuskulatur verhelfen, damit die Stimme und das Sprechen davon profitieren können.

Der umfangreichste Teil des Kapitels A beschäftigt sich schließlich mit den komplexen Vorgängen der Stimmgebung. Sein detaillierter Praxisteil gliedert sich in die Abschnitte »Freisetzung«, »Ausbau« und »Kraft« der Stimme. Stimmtraining sollte jedoch grundsätzlich nicht nur darauf zielen, kraftvoll und laut sprechen zu können – viele Menschen, selbst Filmschauspieler, brauchen das in ihrer täglichen Praxis gar nicht. Ziel des Stimmtrainings in diesem Buch ist vielmehr, die Stimme mit Gedanken und Gefühlen zu verknüpfen, so dass der Mensch, der sich »hinter ihr« verbirgt, gehört werden kann. Eine lediglich auf Technik(en) trainierte Stimme ist dazu nicht automatisch in der Lage. Weil die Stimme »aus Atem gemacht« ist und dieser mit Emotionen verknüpft ist, offenbart die Stimme oft mehr als Worte; Stimme drückt Emotion aus (wie beim Stöhnen, Jauchzen, Schreien), Sprechen eher Gedanken.

Viele der Übungen aus Teil A entstammen der Methode nach Professor Kristin Linklater, sind von anderen Fachdisziplinen wie der Feldenkrais-Arbeit, der Alexander-Technik oder dem Yoga beeinflusst und wurden den Bedürfnissen des Buchthemas angepasst.

Teil B erläutert zunächst die Wirkungskriterien des Sprechens und seinen Situationsbezug, widmet sich dann den einzelnen Bestandteilen des Sprechausdrucks und stellt viele Übungen dazu vor.

Die Sprechausdrucksmittel werden ebenfalls getrennt voneinander behandelt. Zahlreiche Wort- und Textbeispiele sollen Ihnen dazu dienen, sich an jeweils einem der Elemente auszuprobieren. Zunächst werden die Akzentuierungsmittel wie Melodieverlauf, Lautstärkeänderung und Pausensetzung nacheinander vorgestellt, bevor sich der letzte Abschnitt mit der Artikulation befasst.

Der letzte **Teil C** besteht aus Analysebögen, die Ihrer persönlichen Bestandsaufnahme und der Aufzeichnung Ihrer Entwicklungsschritte helfen sollen. Sie werden daher immer wieder angeregt, Ihre Erfahrungen mit den Übungen aus den Teilen A und B und Ihre daraus resultierenden Erkenntnisse in die Feedbackbögen zu notieren.

Bevor Sie nun in die Lektüre des Textes einsteigen und die Übungen durchführen, machen Sie sich eines bewusst: Nur im Tun lassen sich Veränderungen erzielen, im stetigen Üben (im Bilden von Erfahrung und dem Erforschen ihrer Wirkung) sowie im Einholen von Feedback durch Sie selbst und andere.

A. Grundlagen

1. Der Körper spricht Bände

»Der Geist ist so vollständig auf den Körper zugeschnitten und so ausschließlich dazu bestimmt, ihm zu dienen, dass nur ein einziger Geist in ihm entstehen kann. Kein Körper, kein Geist. Für jeden Körper unter keinen Umständen mehr als einen Geist.«
ANTONIO DAMASIO, »ICH FÜHLE, ALSO BIN ICH«

Von der Gebärden- zur Lautsprache

Mit der Aufrichtung des Menschen gegen die Schwerkraft vor fast zwei Millionen Jahren wurden die Hände sowohl für gestische Kommunikation als auch das Sammeln von Nahrung freier. Damit war das Gesicht weniger mit der Nahrungsaufnahme beschäftigt und konnte leichter zur Lautbildung genutzt werden. Kehle, Kiefer, Zunge und Lippen dienten vorher hauptsächlich ihren sogenannten Primärfunktionen, nämlich dem Aufnehmen, Zerkleinern und Mahlen von Nahrung sowie dem Lutschen und Saugen. Mit der Aufrichtung des Körpers senkten sich außerdem Kehlkopf und Zungenbein ab, ließen differenzierteren Stimmklang zu und gaben der Zunge mehr Raum zur Artikulation von Lauten.[1]

Dieselbe Region im Gehirn, in der sich das Sprachzentrum entwickelte, ist für die Steuerung von Gesicht und Händen zuständig. Unser gestisch-mimisches Repertoire konnte sich schrittweise entwickeln, bis der *homo sapiens* ein differenziertes System an Zeichen- und Gebärdensprache einsetzen konnte.

Es gibt bis heute keinen eindeutig bewiesenen Zeitpunkt, ab wann sich unsere menschliche Lautsprache entwickelte. Evolutionsbiologen

1 Obgleich sich Primaten durch erlernte Zeichensysteme und bestimmte Symbole verständlich machen können, sind sie allein aus anatomischen Gründen nicht in der Lage zu sprechen: Der Kehlkopf bei Schimpansen, deren Anatomie unserer am ähnlichsten ist, sitzt zu hoch, und der hintere Mund- und Rachenraum ist zu klein für die Lautbildung.

gehen davon aus, dass zwischenmenschliche Kommunikation über Gesten und Gebärden anfing und sich die Lautkommunikation erst danach entwickelte.

Jeder Mensch durchläuft in seiner Lebensgeschichte diesen Prozess der Evolution von der körperlichen Aufrichtung über gestische und stimmliche Kommunikation hin zur lautsprachlichen.[2] Das Kleinkind beginnt gleichzeitig mit gestischem und stimmlich-sprachlichem Ausdruck, es beginnt zu zeigen und zu brabbeln. Beides ist so eng miteinander verkoppelt, weil beide Aktivitäten aus demselben Gehirnareal, dem Kortex, kommen.

Körper und Sprache gehören zusammen

Unser Körper macht unsere Gedanken und Gefühle sichtbar, er »materialisiert« sie und bildet somit die Grundvoraussetzung für zwischenmenschliche Kommunikation.

Es gibt allgemeinverständliche Zeichen und Gesten, die verstärken sollen, was wir sagen, oder nach außen bringen sollen, was wir denken. Beispielweise wenn wir jemandem, der in größerer Distanz zu uns ist, verständlich machen wollen: »Wir gehen etwas trinken und reden dann weiter«. Wir werden ein imaginäres Glas zum Mund heben und Daumen, Zeige- und Mittelfinger schnell aufeinanderschlagen, um die Lippenbewegungen zu imitieren.

Aber auch ohne verabredete Zeichen drücken wir unbewusst körperlich unseren emotionalen Zustand und unser Denken aus. Wir können nicht »neutral« schauen, unser Gesicht kann nicht neutral aussehen, unsere Körperspannung und Haltung können nicht neutral sein. Unsere Emotionen sind immer da, unser Gehirn ist immer aktiv: Ob wir wollen oder nicht, wir offenbaren uns durch unseren Körper. Auch wenn wir im Laufe unseres Lebens den emotionalen Ausdruck durch darüber gelegte Masken und Fehlspannungen verdecken, ist auch dies ein körperlicher Ausdruck, dem ein emotionales Geschehen zu Grunde liegt.

---

2 Interessanterweise liegen Kehlkopf und Zungenbein beim Kleinkind, wie beim Affen, auch noch höher, bevor sie sich im Laufe der Kindheit absenken.

Allerdings hängt die Deutung dessen, um welchen Ausdruck es sich dabei handelt, nicht von uns selbst, sondern vom Gegenüber ab.

Gedanken, Gefühle, stimmlicher und körperlicher Ausdruck (Sprechen sei hier noch ausgeklammert) sind also untrennbar miteinander verknüpft und bilden in dieser Einheit einen interpretierbaren Ausdruck. Wir Erwachsene haben oft gelernt, uns zurückhaltender, der Situation »angemessen« auszudrücken: Kulturelle Identität und unsere persönliche Lebensgeschichte prägen unseren Körperausdruck. Bei einem dreijährigen Kind kann man sich kaum vorstellen, dass es nicht hüpft, in die Hände klatscht und einen Jauchzer ausstößt, wenn es sich gerade riesig freut. Bei ihm sind die für die Sprache verantwortlichen Hirnareale noch eng mit den motorischen verknüpft, was bei Erwachsenen nicht mehr der Fall ist.

Wir entwickeln konventionelle, aber auch ganz individuelle körperliche Muster in unserer Haltung, Bewegung und in unserem gesamten Körperausdruck. Unter Mustern sind hier Gewohnheiten, aber vor allem Beschränkungen gemeint, deren Ursachen vielfältig sein können. Sie können in bedrängenden negativen Kommunikationssituationen liegen, in denen man sich verletzt, missverstanden oder gedemütigt fühlte. Als Reaktion darauf folgen »Kommunikationsnarben«[3], die sich auch körperlich darstellen können – wie Engegefühle im Hals, Spannungen im Bauch oder das Versagen der Stimme in einer bestimmten, als heikel empfundenen Kommunikationssituation. Diese körperlichen Reaktionen können als Schutzmechanismen bezeichnet werden. Die Person zieht sich zurück, und der Körper zieht sich zurück. Ein solcher Prozess verläuft unbewusst, und er erzeugt Fehlspannungen. Wir wissen oft nicht, weshalb sich unser Hals wie zugeschnürt anfühlt oder unser Nacken- und Schulterbereich verspannt ist. In unserem Gehirn und unserem Körper sind unsere Erfahrungen gespeichert, auch wenn uns der bewusste Zugriff darauf fehlt. Häufig nehmen wir unsere Beschränkungen nicht einmal wahr, denn wir haben uns an sie gewöhnt. Nur wenige Menschen bewahren sich im Laufe ihres Lebens die optimale körperliche Balance und eine aufrechte Wirbelsäule; viele haben Rundrücken, enge Schultern oder vorgeschobene Kiefer. Das bedeutet, dass falsche Muskelpartien ausgleichend aktiv sind, weil die dafür vor-

3 Vgl. Hellmut Geißner: Sprecherziehung. Didaktik und Methodik der mündlichen Kommunikation

gesehenen inaktiv sind. Zum Beispiel kompensieren Kiefer- und vordere Halsmuskulatur häufig eine unausgewogene Aufrichtung der Halswirbelsäule. Wenn die Muskeln um die Wirbelsäule den Kopf aufrecht tragen (die Wirbelsäule reicht fast bis in die Mitte des Kopfes!), dann kann die Kiefermuskulatur entspannen.

Erkennen und Lösen von Fehlspannungen

Wir können Fehlspannungen nur gezielt loslassen lernen, wenn wir wissen, wo sie genau sind. Die innere und die äußere Muskulatur sind voneinander abhängig und kompensieren gegenseitig ihre Fehlleistungen. Vielen Menschen sind Verspannungen der äußeren Muskulatur wie im Nacken-Schulterbereich oder im Rücken bekannt. Aber welche Fehlspannungen sie weiter innen haben, beispielsweise in der Muskulatur um die Gelenke, in Zwerchfell, Rachen und Zunge wissen sie häufig nicht, denn sie sind weniger spürbar.

So wie das Spiel der äußeren Muskeln zwischen Spannung und Entspannung Auswirkungen auf die Freiheit der Atemmuskeln im Inneren hat, so hat die Freiheit der Atemmuskeln Auswirkungen auf die Durchlässigkeit der äußeren Muskeln. Die Flexibilität der Atmungsmuskulatur ist wiederum Voraussetzung dafür, dass die Stimmmuskulatur ungehindert funktionieren kann.

Die optimale Aufrichtung stützt die Atmung

Die Hauptatemmuskeln (Zwerchfell und Zwischenrippenmuskulatur) sind an den Rippen und an der Wirbelsäule befestigt und in ihrer Funktion von der körperlichen Haltung extrem abhängig.

Die Funktion aller an der Atmung beteiligten Muskeln kann eingeschränkt sein, wenn Fehlhaltungen vorherrschen. Zum Beispiel wirkt sich ein instabiler Nacken auf die Kehlkopfmuskulatur aus, die wiederum auf die Stimmmuskeln Einfluss hat. Außerdem wird der Resonanzraum für die Stimme in diesem Fall verschmälert, und als Folge kann das Sprechen an Effektivität verlieren. Die Stimme kann sich dann gequetscht und eng anhören und wenig zum Zuhören einladen; wenn Fehlhaltungen keine Vollatmung zulassen, kann sie wiederum dünn und leise klingen.

Die Atmungs- und Stimmmuskulatur erhält ihre Impulse vom vegetativen Nervensystem und kann daher nur eingeschränkt beeinflusst werden. Wir spüren unser Zwerchfell, unsere Zwischenrippenmuskeln oder unsere Stimmlippen nicht wirklich, aber wir können ihre Auswirkungen wahrnehmen.

Wenn wir an Atmung und Stimme etwas verändern wollen, ist es notwendig, Zugang zu diesem inneren Teil unseres Körpers zu bekommen. Dies können wir über Vorstellungskraft und Visualisierung erreichen.

Übungen

Die Wahrnehmung des Körpers

Sie finden auf den nächsten Seiten Übungen zur spezifischen Wahrnehmung des Körpers, mit deren Hilfe Sie mögliche Fehlspannungen erkennen und lösen können. Die Übungen beziehen sich vor allem auf die Wirbelsäule. Sie ist als Stütze des gesamten Skelettgerüstes zentral für die Atem- und Stimmarbeit, wie auch für den gesamten Kommunikationsprozess: Die Wirbelsäule ist die Hülle des Wirbelkanals, durch den die gesamten Informationen zwischen Gehirn und Körper fließen. Weitere Übungen beziehen sich auf die Gelenke, die für Beweglichkeit sorgen und Druck abfangen.

Manche Übungen mögen Ihnen wie gymnastische Trainingseinheiten vorkommen. Beachten Sie bitte den Unterschied zu Gymnastikübungen sowohl in der Zielsetzung als auch in der Durchführung. Die Übungen zielen darauf, dass Sie Ihren Körper neu kennen lernen und erfahren, wo Sie spezifisch etwas verändern sollten. Sie lassen Sie neue Erfahrungen gewinnen und Ihren Körper als persönliches Ausdrucksmittel erkennen. Kaum jemand wird beim Walken mit dem Kopfhörer seines iPods im Ohr daran denken, welcher Schritt als nächster ansteht. Beim Üben hingegen sollten Sie sich genau bewusst sein, was Sie gerade machen. Gehen Sie mit sich, mit Ihrem Körper in Dialog. Größere körperliche Beweglichkeit und Fitness können und werden willkommene Nebeneffekte Ihres Übens sein.

Es ist ratsam, jede Übung erst komplett durchzulesen, sie im Anschluss durchzuführen und sich dabei vom Buch zu lösen. Einzelne Bestandteile, die Sie vergessen haben, können Sie beim nächsten Üben ergänzen. Nehmen Sie beim Üben nur das auf, was Ihnen gerade im Gedächtnis ist, ohne zu grübeln, was Sie vergessen haben könnten. Das lenkt Sie sonst vom aktuellen Prozess der Erfahrung ab.

Übungen im Liegen

■ Lösen durch Kontrahieren

Eine Möglichkeit, Muskeln von Spannungen zu lösen, ist das Kontrahieren und anschließende Loslassen. Sie können das isoliert mit einzelnen Körperteilen ausprobieren.

Legen Sie sich rücklings auf eine Matte oder einen Teppich. Ballen Sie Ihre rechte Hand zu einer Faust und drücken Sie so fest zu, als wollten Sie Luft zwischen den Fingern zerdrücken. Halten Sie diesen Druck eine ganze Weile, bevor Sie die Faust öffnen. Spüren Sie nach, was sich in Hand und Arm verändert hat. Machen Sie das Gleiche mit der anderen Hand.

Spannen Sie die Muskeln in Ihrem rechten Bein und Fuß fest an, so dass die Kniegelenke durchgedrückt sind. Halten Sie auch diese Spannung eine ganze Weile, bevor Sie sie loslassen. Spüren Sie wieder erst der Veränderung nach, bevor Sie das Gleiche mit dem anderen Bein/Fuß tun.

Kneifen Sie Ihre Gesichtsmuskeln so fest zusammen, als wollten Sie das Gesicht in sich hineinziehen, und halten diese Spannung wieder eine ganze Weile, bevor Sie sie loslassen.

Spüren Sie nach, ob sich Ihre Muskeln gelöster anfühlen.

■ Reise durch das Skelett

Die gedankliche Reise durch Ihren Körper soll, anders als beim autogenen Training, die Aufmerksamkeit auf Ihre Knochen und Ihre Wirbelsäule lenken – auf die Halt gebende Struktur Ihres Körpers. Dieser Fokus weckt Ihr Bewusstsein dafür auf der vegetativen Ebene.

Legen Sie sich in Rückenlage auf eine Matte oder einen Teppich. Es wird helfen, wenn Sie die Augen schließen. Stellen Sie sich Ihren Körper für den Moment hohl und leer vor. Wenn Sie Organe, Eingeweide und vor allem Muskeln ignorieren, kann ein Effekt der Übung sein, dass sich dort Verspannungen lösen.

Fangen Sie mit der Wahrnehmung Ihrer Fußknochen an. Versuchen Sie, die vielen Knochen und Gelenke Ihrer Füße zu visualisieren. Es ist nicht wichtig, dass Sie genau wissen, wie Ihre Knochen und Gelenke in Wirklichkeit aussehen; versuchen Sie sich ein Bild davon zu machen. Betrachten Sie mit Ihrem geistigen Auge Ihre Fußgelenke. »Sehen« Sie zwischen Fußgelenken und Kniegelenken die Schienbein- und die Wadenbeinknochen. Sehen Sie sich Ihre Kniegelenke an und die Oberschenkelknochen zwischen Knie- und Hüftgelenken. Schauen Sie mit Ihrem geistigen Auge von Hüftgelenk zu Hüftgelenk, und nehmen Sie den Raum dazwischen wahr. Jetzt richten Sie Ihre Aufmerksamkeit auf Ihre Wirbelsäule und visualisieren vom Steißbein aus jeden einzelnen Wirbel dieser Säule bis nach oben zu Ihrem Schädel. Stellen Sie sich vor, dass der Schädel in seiner Mitte auf den obersten Wirbel gesteckt ist. Nehmen Sie mit Ihrem inneren Auge Ihren Schultergürtel wahr, und sehen Sie Ihre Rippenbögen. Betrachten Sie Ihre Schultergelenke. Von den Schultergelenken sehen Sie die Oberarmknochen in die Ellbogengelenke reichen und Elle und Speiche, die von den Ellbogengelenken zu den Handgelenken führen. Sehen Sie die vielen Knochen und Gelenke Ihrer Hände.

Strecken Sie sich abschließend, gähnen Sie, räkeln Sie sich, und nehmen Sie wahr, wie sich Ihr Körper jetzt anfühlt. Ist er Ihnen bewusster? Fühlt er sich entspannter an?

Krakenübung

Bei dieser Übung wird die Relation zwischen äußerer Bewegungsmuskulatur und innerer Haltemuskulatur deutlich. Die Aufrichtung ergibt sich aus dem Austarieren zwischen Wirbelsäule und Skelettstruktur und minimalem notwendigem Muskeleinsatz.

Legen Sie sich auf den Boden. Stellen Sie sich für ein paar Minuten vor, dass Ihr Körper sich in den Körper einer Krake oder eines Tintenfisches verwandelt. Sie haben keine Gelenke und Knochen mehr, Ihre Arme und Beine bestehen nur aus Weichteilen, die sich völlig geschmeidig über den Boden bewegen. Der Motor für die Bewegung ist in Ihrer Körpermitte – wie der Kopf der Krake –, von dort aus finden die Bewegungen statt. Ihre Mitte ist im Bauch-Beckenraum, von dem aus sich Arme und Beine in alle Richtungen ausbreiten, heftig oder auch nur ganz wenig bewegen.

Versuchen Sie nach einer Weile, immer noch »als Krake« aufzustehen. Es wird Ihnen erst nicht gelingen, sich aufzurichten; Ihre Krakenarme (Beine) sind zu weich. Lassen Sie sich Zeit dafür, so als würden Sie immer wieder zu Boden gezogen, wenn Sie schon auf den Füßen sind, weil Sie keine Gelenke und Knochen haben. Finden Sie langsam Stabilität durch Ihre Wirbelsäule, und balancieren Sie Ihren Kopf aus, während Sie gleichzeitig die Vorstellung des Krakenbildes verlassen.

Stehen Sie aufrecht, und spüren Sie nach, ob sich Ihre alltägliche Körperhaltung verändert hat. Fühlen Sie sich stabil und gleichzeitig weich?

Registrieren Sie auch Kleinigkeiten; vielleicht haben Sie »lediglich« eine andere Wahrnehmung Ihrer Kniegelenke.

➲ Welche der Übungen möchten Sie in Ihr Trainingsprogramm aufnehmen? Notieren Sie sich Ihr persönliches Lernziel und detaillierte Beobachtungen in Teil C unter »Körperübungen im Liegen« (S. 141).

Übungen im Stehen

■ Lösen durch Dehnen

Es gibt Situationen, in denen sich unser Körper automatisch streckt; morgens nach dem Aufstehen oder dann, wenn wir lange in ähnlicher Position saßen. Der Körper hilft sich selbst mit spannungsentladendem Weiten und Strecken. Meist gähnen wir gleichzeitig, und wenn wir es zulassen, wird auch die Stimme grummeln, quietschen oder knarren.

Diagonales Dehnen im Stehen

Strecken Sie Ihren rechten Arm so weit nach oben, als wollten Sie damit die Decke erreichen. Verlagern Sie gleichzeitig Ihr Gewicht auf den rechten Fuß. Seien Sie sich der Dehnung von der rechten Fußsohle bis in die Fingerspitzen der rechten Hand bewusst. Dann lassen Sie plötzlich den Arm und den ganzen Oberkörper nach »unten fallen« – achten Sie darauf, dass Sie Ihre Wirbelsäule nicht aktiv nach unten führen! Richten Sie sich wieder auf, und wiederholen Sie die Übung für die linke Seite.

Variieren Sie die Übung: Stehen Sie auf dem rechten Bein, strecken Sie Ihre linke Hand weit nach oben, und heben Sie Ihr linkes Knie (den Unterschenkel locker lassen), so als wollte es auch zur Decke streben. Spüren Sie die Verbindung von Ihrem rechten Fuß zur linken Hand. Ziel ist hier die diagonale Dehnung. Setzen Sie Ihren Fuß wieder auf und lassen Sie die Spannung plötzlich los und den Oberkörper fallen.

Wechseln Sie die Seite, und strecken Sie Ihre rechte Hand und Ihr rechtes Knie zur Decke.

Variieren Sie die Übung nochmals: Strecken Sie Ihren rechten Arm weit hoch und dieses Mal gestreckt über den Kopf nach links. Ihre linke Seite wird ein wenig einknicken, und die rechte wird noch mehr gedehnt. Die Brust zeigt dabei weiterhin nach vorn. Vielleicht hilft die

Vorstellung, dass Ihr Körper jetzt die Form eines Bogens hat. Halten Sie einen Moment diese Spannung, und lösen Sie dann den Oberkörper wieder plötzlich und lassen ihn schwer fallen. Wechseln Sie die Seite, und führen Sie die gleiche Übung mit der linken Hand aus.

Überprüfen Sie am Ende der Übungssequenz, ob sich Ihr Spannungszustand im Körper verändert hat.

■ Abklopfen

Die Übung soll Ihnen dazu verhelfen, Ihre Muskeln zu durchbluten, Ihre Energien zu wecken und eine erhöhte Aufmerksamkeit für die Haut als äußere »Hülle« des Körpers und Grenze zwischen Innen und Außen herzustellen.

Klopfen Sie mit Ihrer rechten Hand aus lockerem Handgelenk um das linke Schultergelenk herum, und visualisieren Sie es dabei. Klopfen Sie weiter den Oberarm herab zum Ellbogengelenk und stellen sich sein Aussehen vor. Klopfen Sie weiter den Unterarm herab, um das Handgelenk herum und klopfen Sie Ihre linke Hand aus. Stellen Sie sich vor, Sie hätten Ihre Muskeln weich geklopft. Lassen Sie beide Arme hängen, und fühlen Sie den Unterschied zwischen beiden Armen. Wechseln Sie dann die Seite, und wiederholen Sie die Übung, indem Ihre linke Hand den rechten Arm schrittweise abklopft.

Bringen Sie Ihr Gewicht auf einen Fuß, und stellen Sie den anderen in leichter Schrittstellung nach vorn. Klopfen Sie mit beiden Händen und lockeren Handgelenken den Oberschenkel ab, weiter hinunter zum Kniegelenk, zu Schienbein und Wadenbein, um das Fußgelenk herum, und klopfen Sie dann den Fuß aus. Überprüfen Sie wieder im Stehen den Unterschied zum anderen Bein. Wechseln Sie die Seite.

Klopfen Sie mit kräftigen Schlägen erst Ihre Pobacken aus, dann den Brustkorb und den unteren Rücken. Klopfen Sie leichter auf Ihren Bauchraum.

Tippen Sie schließlich mit den Fingerkuppen beider Hände über Ihr Gesicht, auf die Wangen, die Nase, um die Augen und auf die Stirn. Tippen Sie auf Ihrem Kopf, als würden Sie Regentropfen nachahmen.

Stehen Sie einen Moment ruhig, und nehmen Sie wahr, wie sich Ihre Haut und Ihre Muskeln anfühlen.

Abkneten

In dieser Übung werden einzelne äußere Muskelpartien mit den Händen »begriffen« und gezielt gelöst. Dadurch werden die inneren Muskeln aktiviert. Wieder hilft das Visualisieren von Knochen und Gelenken bei der Wahrnehmung der inneren tragenden Struktur.

Kneten Sie mit Ihrer rechten Hand die Muskeln um Ihren linken Oberarm so kräftig, als wollten Sie sie wegmassieren und den Knochen darunter erfühlen. Nehmen Sie einzelne Partien kräftig in die Hand. Kneten Sie um Ihr Ellbogengelenk herum und den Unterarm entlang. Nehmen Sie sich Zeit, den Arm richtig zu »bearbeiten«. Streichen Sie dann den Arm von der Schulter bis zur Hand kraftvoll und langsam aus, als würden Sie eine große Tube Senf leer drücken. Fühlen Sie nach, wie sich der Arm jetzt anfühlt, und wechseln Sie die Seite.

Wie beim Abklopfen verlagern Sie das Gewicht auf ein Bein. Bearbeiten Sie in leichter Schrittstellung die Muskeln im anderen Bein: erst den Oberschenkelmuskel so kräftig, als wollten Sie den Knochen unter dem Muskel fühlen. Kneten Sie um das Knie herum, und kommen Sie zum Wadenbeinmuskel, den Sie ebenfalls durchkneten. Streichen Sie Ihr Bein kraftvoll aus, und wechseln Sie dann die Seite.

Wahrscheinlich wird Ihr Körper ein wenig kribbeln, die Muskeln werden gut durchblutet sein, was Ihnen ein neues, intensiveres Körpergefühl verleihen kann.

Gewicht abgeben

Ein bewusster Kontakt von den Fußsohlen zur Erde unterstützt das Gefühl, getragen zu werden und das Gewicht abgeben zu können. Dabei kann die äußere Muskulatur besser entspannen, vor allem die im Schulter-Nackenbereich. Es ist keine Selbstverständlichkeit, diese Balance zwischen Aufrichtung und Gewichtabgeben zu finden – der Gedanke an »sicheren Boden unter den Füßen haben« hilft dabei.

Stellen Sie sich so hin, dass Ihre Füße etwa einen halben Meter voneinander entfernt sind, also so weit, dass sie sich in einer Linie direkt unter den Hüftgelenken befinden. Denken Sie sich in Ihre Fußsohlen, und stellen Sie sich Ihre Füße breit und gut gepolstert vor, wie die Füße von Kamelen. Spüren Sie der Verbindung zwischen Ihnen und der Erde nach; können Sie sich vorstellen, mit der Erde verwurzelt zu sein? So, als würden unter Ihren breiten Füßen feine Wurzeln nach unten gehen und Sie wie die Wurzeln eines Baumes mit der Erde verbinden.

Bleiben Sie eine Weile in Wahrnehmung Ihrer Fußsohlen stehen.

Spüren Sie Ihr Gewicht auf beiden Füßen gleichmäßig verteilt, und nehmen Sie gleichzeitig wahr, dass Ihr Kopf am anderen Ende eine aufstrebende Energie hat, als wollte er himmelwärts streben.

Erinnern Sie sich bei den weiteren Übungen immer wieder an die Wahrnehmung Ihrer Füße auf dem Boden.

■ Gelenke in Armen und Beinen lösen

Die Durchlässigkeit des Körpers hängt wesentlich von der Freiheit der Gelenke ab. Sie sind sehr beweglich und zugleich stabil, wenn sie trainiert sind, verlieren aber schnell ihre Elastizität bei Bewegungsmangel und Fehlbelastungen. Alle Reize für Bewegung und sensible Wahrnehmung laufen über ein Netzwerk von Nervenfasern zwischen Gehirn und Rückenmark in die einzelnen Körperregionen; sie verlaufen über Verästellungen auch entlang unserer Gelenke. In der asiatischen Medizin gilt die Annahme, dass muskuläre Verspannung in den Gelenkregionen beginnt.

Um die Gelenke in den Armen und Beinen zu lösen, kreisen Sie mehrmals Ihre Hand um Ihr Handgelenk, als würden Sie kleine Kreise in die Luft malen, und wechseln Sie dann die Richtung. Lassen Sie die Hand hängen und kreisen den Unterarm mehrmals um das Ellbogengelenk, als würden Sie größere Kreise in die Luft malen, und wechseln Sie dann die Richtung. Kreisen Sie den ganzen Arm um das Schultergelenk, so als wollten Sie große Kreise in die Luft malen. Wechseln Sie die Richtung und lassen dann den Arm hängen. Fühlt er sich anders an als der andere?

Wechseln Sie die Seite, und machen Sie das Gleiche mit dem anderen Arm.

Verlagern Sie Ihr Gewicht auf ein Bein, und lassen Sie Ihren Fuß passiv hängen; schütteln Sie ihn lose vom Fußgelenk aus. Kreisen Sie den Fuß danach um das Gelenk. Wechseln Sie die Richtung, und schütteln Sie den Fuß noch einmal los. Fuß- und Kniegelenke sind häufig verspannt, so dass dort vermehrte Aufmerksamkeit nötig ist. Kreisen Sie Ihren Unterschenkel um das Kniegelenk mit Richtungswechseln, danach das ganze Bein aus dem Hüftgelenk, so weit die Bewegung geht (vielleicht stützen Sie sich dabei mit einer Hand an der Wand ab).

Spüren Sie dem Unterschied zwischen den Beinen nach. Wechseln Sie die Seite, und machen Sie das Gleiche mit dem anderen Bein.

Spüren Sie nach, was sich durch diese Übung verändert hat: Fühlen sich Ihre Beine anders an? Fällt die Aufrichtung leichter?

Kniegelenke lösen

Das Kniegelenk ist unser größtes Gelenk. Es hält über eine Tonne an Gewicht aus, muss die wackelige Konstruktion vom Oberschenkelknochen auf dem Schienbein ausgleichen und stabilisieren. Dabei helfen Sehnen, Bänder und Knorpel.

Wenn Sie ruckartig Ihre Knie anspannen, werden Sie registrieren, dass sich nicht nur Ihre Beinmuskulatur, sondern auch die Po- und Bauchmuskulatur anspannt. In Folge werden wahrscheinlich auch die Atmungsmuskeln fester, die diese Spannung wiederum auf Ihre Kehle, Ihren Kiefer und in Ihre Zunge übertragen: Spannung setzt sich fort.

Man könnte die These aufstellen, dass die Freiheit der Stimme von der Freiheit der Kniegelenke abhängt.

Stehen Sie aufrecht, und lassen Sie Ihr Kniegelenk los, ohne dass Sie die Knie beugen. Es hilft, wenn Sie das Knie vorher noch einmal anspannen und dann wieder lösen, um den Unterschied zu verdeutlichen. Registrieren Sie, dass die äußere Muskulatur der Beine loslassen kann, wenn die Kniegelenke spannungsfrei sind. Die äußere Muskulatur ist für Bewegung zuständig, die innere für die Aufrichtung.[4]

Wie ist es, so zu stehen: mit dem Bewusstsein auf dem Kontakt der Fußsohlen zum Boden und spannungsfreien Kniegelenken? Es könnte sein, dass es Ihnen vorkommt, als würden Sie ohne jegliche Anstrengung wie von alleine gegen die Schwerkraft aufgerichtet sein.

Kniegelenke federn

Nachdem jetzt die Gelenke gelöster sein werden und Sie Ihre Aufrichtung optimiert haben, können Knie und das gesamte Skelett in einer abschließenden Übung stabilisiert und aktiviert werden.

Fördern Sie die Beweglichkeit des Kniegelenks, indem Sie Ihren Körper zirka zehn Zentimeter nach unten einknicken lassen und sofort wieder zurückschwingen. Die Knie beugen und strecken sich, ohne oben durchgedrückt zu sein. Federn Sie zweimal, dreimal, dann mehrmals hintereinander Richtung Boden und zurück. Ihre Wirbelsäule ist dabei ganz aufrecht, vermeiden Sie ein Hohlkreuz. Lassen Sie Ihre Schultern hängen. Durch das Kniefedern wird Ihr gesamtes Skelett schonend durchgeschüttelt. Diese Bewegung lässt sich minutenlang am Stück durchführen und kann an einen afrikanischen Tanz erinnern.

4 Vgl. Moshé Feldenkrais: Bewusstheit durch Bewegung

Wenn Ihnen das Federn gut gelingt, können Sie währenddessen von einem Bein auf das andere wechseln.

Wenn Sie einige Minuten so federn und dann mit einem Mal stoppen, werden Sie wahrscheinlich im Nachklang noch eine Weile Ihre Körperenergien fühlen. Sie werden sich warm, gut durchblutet und leicht fühlen.

Oberen Rücken und Schultergürtel lösen

Viele Menschen haben Verspannungen im oberen Rücken in Kombination mit Fehlspannungen im Nacken- und Kehlbereich. Diese können die Funktion der Kehlkopfmuskulatur und damit das freie Zusammenspiel von Atem und Stimme beeinträchtigen.

Denken Sie sich in Ihr rechtes Schulterblatt, und bewegen Sie es von der Wirbelsäule weg nach vorne. Ihr Schultergelenk wird dabei ebenfalls nach vorne kommen, es soll jedoch nicht der aktive Teil für die Bewegung sein. Der Fokus liegt auf den feinen Muskeln um und unter dem Schulterblatt. Bewegen Sie jetzt Ihr Schulterblatt nach oben in Richtung Ihres Ohres, dann nach hinten so dicht wie möglich in Richtung der Wirbelsäule und dann an ihr entlang nach unten. Lassen Sie jetzt den Arm locker hängen.

Achten Sie beim Schulterblattkreisen darauf, dass Ihr Nacken lang bleibt und Ihr Atem weiter fließt. Wiederholen Sie die Übung zweimal, und nehmen Sie wahr, wie sich Ihr Schulterbereich jetzt anfühlt. Wechseln Sie die Seite, und wiederholen Sie die Übung mit dem linken Schulterblatt.

Steigern Sie das Tempo, und lassen Sie die Bewegungen in ein Kreisen übergehen, zunächst mit der rechten, dann mit der linken Seite.

Schieben Sie im Anschluss daran Ihr rechtes Schulterblatt nach oben, in Richtung Ihres Ohres, und lassen es dann wieder plötzlich fallen. Tun Sie das mehrmals hintereinander, bis ein automatisches Schulterzucken entsteht, so als wollten Sie mit Ihrer einen Schulter ausdrücken »Weiß ich nicht«. Wechseln Sie die Seite und machen das Gleiche mit der linken Schulter.

Zum Schluss bewegen Sie beide Schulterblätter gleichzeitig mehrmals nach oben und lassen sie wieder fallen, bis es zu einem lockeren Federn kommt.

Vielleicht fühlt sich Ihr gesamter oberer Rückenbereich jetzt wärmer und weicher an. Wahrscheinlich sind die äußeren Muskeln jetzt gelöster und die inneren aktivierter.

Unteren Rücken und Becken lösen

Diese Partie ist besonders wichtig, weil sie unser »Zentrum« darstellt. Dieser Begriff ist viel benutzt und kann missverständlich sein. Hier sei vom unteren Bauch- und Beckenraum als Basis der Wirbelsäule und zentralem Raum für die Ausdehnung der Atembewegung die Rede.

Die folgende vorgeschlagene Übung erweitert den Raum in den Hüftgelenken und im unteren Lendenwirbelbereich.

Nehmen Sie die Füße ein klein wenig weiter auseinander als bisher beschrieben, und beugen Sie leicht die Knie, so dass Ihr Becken frei schwingen kann. Kicken Sie Ihr Becken nach rechts, dann nach links. Wiegen Sie Ihr Becken vor und zurück, als wäre es eine Schaukel. Kreisen Sie Ihr Becken jetzt langsam, erst rechts, dann links herum.

Strecken Sie Ihre Beine wieder, und schütteln Sie sie kurz aus, damit die Knie nicht fest werden. Wiegen und kreisen Sie danach noch einmal Ihr Becken.

Gehen Sie ein paar Schritte, und prüfen Sie, ob ein Unterschied zu vorher da ist. Wenn ja, dann machen Sie sich bewusst, was sich spezifisch verändert hat. Registrieren Sie den Unterschied – und sei er noch so gering.

Ein zweiter Kopf

Die Ausrichtung von Schädel und Nacken hat eine zentrale Bedeutung für das Sprechen. Wenn die Halswirbelsäule nicht in aufrechter Position, sondern der Nacken eingeknickt ist, schiebt sich das Kinn nach vorn: Dadurch wird die Kehlkopfmuskulatur beeinträchtigt. Viele haben die Angewohnheit, beim Sprechen den Kopf vorzuschieben und das Kinn anzuheben, als wollten sie ihrem Gesprächspartner entgegenkommen. Die dadurch entstehende Spannung überträgt sich auf die Kehlkopf-, Kiefer- und hintere Zungenmuskulatur und hindert sie in ihrer Flexibilität. Die beschriebene Übungsfolge soll dem entgegenwirken.

Stellen Sie sich vor, Sie hätten einen zweiten Kopf, der sich genau über Ihrem eigentlichen Kopf befindet. Stehen Sie eine Minute aufrecht, mit der Aufmerksamkeit auf dem zweiten, oberen Kopf. Drehen Sie diesen imaginären Kopf – und damit Ihren eigenen – ein wenig nach rechts, dann ein wenig nach links. Nehmen Sie wahr, ob und wie das Ihre Bewegung beeinflusst.

Lassen Sie nach einer Weile die Vorstellung des zweiten Kopfes wieder sein.

Gibt es eine neue kinästhetische Erfahrung? Ist Ihr Nacken in Ihrer Wahrnehmung ein wenig länger geworden? Fühlen Sie sich größer?

■ Nacken lösen

Lassen Sie Ihren Kopf und Nacken nach vorne sinken, und spüren Sie sein Gewicht am oberen Rücken ziehen. Überprüfen Sie, ob der Kopf wirklich hängt, oder ob Sie ihn noch unbewusst festhalten. Die Nackenmuskulatur soll ganz nachgeben. Für viele ist das ein ungewohntes, manchmal beängstigendes Gefühl – so, als würde der Kopf zur Erde fallen. Ermutigen Sie sich dazu, ganz loszulassen. Visualisieren Sie Ihren großen Rückenmuskel, der am Hinterkopf angewachsen ist und über den Nacken in die Schultern und hinunter zum Rücken verläuft. Durch das Fallenlassen des Kopfes wird auch er gedehnt.

Drehen Sie jetzt langsam den Nacken so, dass Ihr rechtes Ohr so nah wie möglich über die rechte Schulter kommt. Achten Sie darauf, dass die Schulter hängen bleibt und dem Ohr nicht entgegenkommt. Lassen Sie das Ohr an diesem Platz, aber bewegen Sie jetzt Ihr Kinn ein wenig nach oben, so dass Sie einen kleinen Nicker nach hinten machen. Sie werden spüren, wie der Muskel vor ihrem linken Ohr gedehnt wird. Halten Sie die Dehnung einen Moment, und bringen Sie dann mit einem kleinen Nicker Ihr Kinn Richtung Brust (Position Ohr / Schulter bleibt weiter gleich). Der Muskel hinter Ihrem linken Ohr wird gedehnt. Halten Sie die Spannung ebenfalls eine Weile, und lassen Sie den Kopf dann schwer nach vorn in Richtung Ihrer Brust fallen. Richten Sie den Kopf jetzt auf, und spüren Sie in beide Halshälften.

Hat sich etwas verändert? Scheint eine Seite länger zu sein als die andere?

Lassen Sie den Kopf nach vorn sinken, und bringen Sie Ihr linkes Ohr über die linke Schulter. Wiederholen Sie die Übung auf dieser Seite, so wie vorher auf der rechten.

■ Schwingen des Kopfes

Ihre Nackenmuskulatur wird nach dem Dehnen entspannter sein. Nutzten Sie jetzt den Rückschwung der Schwerkraft, wenn Sie Ihr rechtes Ohr über die rechte Schulter bringen, den Kopf nach vorn und gleich danach nach links schwingen lassen. Wechseln Sie mehrmals die Seite, als wäre Ihr Kopf das Pendel einer Standuhr, das hin und her schwingt.

Richten Sie Ihren Nacken wieder auf, und überprüfen Sie, wie ausbalanciert Ihr Kopf jetzt ist.

Drehen Sie Ihr Gesicht so weit nach hinten wie möglich, ohne die Schultern mit zu bewegen, als wollten Sie hinter sich etwas anschauen. Wechseln Sie die Seite und drehen Sie Ihr Gesicht über die andere Schulter.

Die Übungen dehnen und entspannen die Hals-, Nacken-, Schulter- und Kehlkopfmuskulatur.

Hat sich in Ihrem Nacken-Schulterbereich etwas verändert? Wenn ja, was genau ist anders? Fühlt sich Ihr Kopf leichter an?

Marionette

Eine bewährte Übung ist, sich selbst als Marionette vorzustellen – mit vielen Gliedern und Gelenken, die von einem großen Marionettenspieler an Fäden gehalten und geführt werden. Die Vorstellung wirkt sich direkt auf den Körper aus und wird Sie auf leichte Weise aufrecht halten.[5] Stellen Sie sich im Gegensatz dazu einmal vor, Sie wollten unter einigen anwesenden Menschen am größten sein und recken sich nach oben. Das wird mit Kraft und Anstrengung verbunden sein.

Stehen Sie aufrecht, die Füße hüftgelenksbreit auseinander, und nehmen Sie den Kontakt zwischen Füßen und Erde wahr. Lassen Sie Ihre Kniegelenke entspannt sein, so dass Bauch- und Pomuskulatur ebenso entspannt sind.

Marionette

Überlassen Sie sich jetzt dem Bild, dass der Marionettenspieler Sie groß und aufgerichtet sein lässt, weil er Sie an Fäden aufrecht hält. Visualisieren Sie einen festen Faden, befestigt am Scheitelpunkt Ihres Kopfes,

5 Feldenkrais beschreibt hier, wie Knochen und Nervensysteme das Skelett ohne wesentlichen Energieverbrauch und Muskeleinsatz aufrecht halten.

der Nacken und Wirbelsäule lang zieht. Stellen Sie sich ein schwebendes Gefühl im Kopf vor. Ihr gesamter Körper hängt daran herab, nur Ihre Füße stehen auf dem Boden. Stellen Sie sich einen Faden an jedem Ellbogengelenk vor – die Fäden werden jetzt leicht nach vorn gezogen. Heben Sie die Schultern nicht aktiv an, lassen Sie den Marionettenspieler die Ellbogengelenke nach vorn drehen. Stellen Sie sich vor, dass die Gelenke nun nach oben Richtung Decke gezogen werden, so dass sich Ihre Ellbogen leicht über Schulterhöhe anheben. Ihre Unterarme und Hände hängen noch. Stellen Sie sich einen Faden an der Außenseite jedes Handgelenkes vor, der jetzt zur Decke gezogen wird, so dass Ihre Arme nun gestreckt sind. Die Hände hängen noch. Dann ziehen Fäden an allen Fingerspitzen Ihre Hände nach oben, so dass die Arme und Hände zur Decke gestreckt sind. Die Schultern sind weitgehend unbeteiligt und nicht angehoben.

Jetzt lässt der Marionettenspieler in Ihrer Vorstellung die Fäden an den Händen los, so dass sie fallen.

Spüren Sie die Entspannung in den Händen. Die Fäden an den Handgelenken werden losgelassen; spüren Sie die Entspannung in den Unterarmen. Jetzt, endlich, werden die Fäden an den Ellbogengelenken losgelassen. Sie werden die Entspannung Ihrer Oberarme als große Erleichterung wahrnehmen.

Mit dieser Übung wird der Unterschied zwischen Spannung und Entspannung sehr deutlich fühlbar. Ein einfaches Beispiel, das sich auf schwerer zugängliche Regionen als die Arme übertragen lässt.

■ Kopfüber

Diese Übung dient dazu, den Raum zwischen den Gelenken und Wirbeln Ihrer Wirbelsäule zu vergrößern und Ihre Wirbelsäule zu flexibilisieren. Gleichzeitig dient sie auch dazu, den Raum für die Atmung im unteren Rücken bewusst zu machen und zu vergrößern.

Bleiben Sie bei dem Bild, Ihr Körper wäre eine Marionette. An Ihrem Kopf ist ein fester Faden befestigt, der ihn aufrecht hält. Stellen Sie sich vor, dass der Faden jetzt losgelassen wird und Ihr Kopf nach vorn fällt. Spüren Sie die Schwere des Kopfes an Ihrem Nacken-Schulterbereich ziehen.

Können Sie Ihre Vorstellungskraft so weit aktivieren und denken, dass an jedem Wirbel Ihrer Wirbelsäule ein Faden angebracht ist? Stellen Sie sich vor, dass einer nach dem anderen losgelassen wird, angefangen am obersten Brustwirbel. Ein Wirbel nach dem anderen fällt da-

Kopfüber

durch in Richtung des Bodens. Ihre Schultern sind gelöst, Ihr Kopf hängt und zieht parallel zur Brust auch Richtung Boden. Beugen Sie Ihre Knie leicht, so dass Ihre Beinmuskeln nicht fest werden. Wenn das Gewicht Ihres Oberkörpers zu schwer wird, dann lassen Sie ihn fallen, so dass Sie kopfüber nach unten hängen und das Becken Ihr höchster Teil ist.

In dieser Stellung wird die Wirbelsäule (und die Rückenmuskeln) mit Hilfe der Schwerkraft länger gezogen; es kann mehr Raum zwischen den Wirbeln und den Rippen entstehen. Um wieder nach oben zu kommen, benutzen Sie das gleiche Bild vom Marionettenspieler. Erst wird der unterste Lendenwirbel nach oben/hinten gezogen, dann langsam einer nach dem anderen, bis Ihre Wirbelsäule wieder aufgerichtet ist und Ihre Knie gestreckt sind – nur der Kopf hängt noch. Stellen Sie sich schließlich vor, Ihre Halswirbelsäule würde nach hinten gezogen, so dass Ihr Kopf wieder auf dem obersten Wirbel aufgerichtet ist.

Wiederholen Sie dieses kleinschrittige Fallenlassen und Aufrichten der Wirbel, bis Ihnen die Bewegung eingängig ist. Steigern Sie dann das Tempo: Der Kopf fällt, ein Wirbel nach dem anderen fällt, bis Sie kopfüber hängen. Der unterste Wirbel richtet sich auf, alle weiteren auch, bis Sie aufgerichtet sind – als letztes kommt der Kopf.

Überprüfen Sie, ob sich Ihr Stehen verändert hat und ob Ihnen das Bild Ihrer Wirbelsäule bewusster ist. Ist etwas leichter geworden? Wenn ja, was genau?

➲ Welche der Übungen möchten Sie in Ihr Trainingsprogramm aufnehmen? Notieren Sie sich Ihr persönliches Lernziel und detaillierte Beobachtungen in Teil C unter »Körperübungen im Stehen« (S. 142).

Übungen im Gehen

■ Knie frei schwingen lassen

Beobachten Sie Menschen beim Gehen: Sie werden feststellen, dass alle eine eigene Art der Vorwärtsbewegung haben. Oft haben wir unbewusst Körperbewegungen unserer Eltern oder anderer imitiert, obwohl sie vielleicht gar nicht zu unserer Physiognomie passen. Das kann dazu führen, dass Schrittgröße, Schwung oder die Ausrichtung des Körpers beim Gehen unpassend sind. Manche Menschen sehen beim Gehen fast grotesk aus. Man kann übertriebenes Federn auf den Vorderfüßen beobachten, so dass eine Art Hüpfbewegung entsteht. Manche haben ihren Oberkörper zurück verlagert, so dass ihr Becken vorgeschoben ist und die Beine steif sind. Sie sind außerhalb ihrer Balance, wirken behäbig und schwer. Andere machen viel zu große Schritte in Relation zu ihrem Körperbau und wirken plump oder schleichend. Bei vielen sind die Kniegelenke zu wenig geschmeidig, so dass sie steifbeinig gehen. Die Liste ließe sich endlos fortsetzen.

Finden Sie Ihr Muster beim Gehen heraus, und beobachten Sie, wie angemessen Ihre Fortbewegungsweise für Ihren Körperbau ist.

Gehen Sie ein paar Schritte im Raum herum, und beobachten Sie dabei, welcher Körperteil die Vorwärtsbewegung anführt.

Es werden die Knie sein, die sich nach vorne beugen und damit den Fuß vom Boden heben. Achten Sie jetzt vermehrt auf Ihre Knie, während Sie weitergehen. Nehmen Sie wahr, wie sich Ihre Kniegelenke im schnellen Wechsel beugen und strecken. Achten Sie darauf, dass die Bewegung der Knie geschmeidig ist. Sollten sie sich eher fest anfühlen, so federn Sie Ihre Kniegelenke im Stehen mehrmals (wie oben beschrieben) im Wechsel mit Gehen.

Behalten Sie dabei Ihre optimale Aufrichtung wie in der Marionettenübung beschrieben. Stellen Sie sich ein schwebendes Gefühl im Kopf vor, während Sie gehen.

Verkleinern Sie jetzt Ihre Schrittgröße, ohne das Tempo zu verringern. Gehen Sie eher schneller vorwärts, wobei sich Ihre Füße nur wenige Zentimeter vorwärts bewegen sollten. Heben Sie die Knie etwas höher, damit Sie mehr Schwung erhalten, und stellen Sie sich vor, wie ein Pferd zu traben. Lassen Sie dieses Traben leichtfüßig sein (nicht trampeln!) und Ihre Kniegelenke schnell und frei schwingen.

Wenn der Körper weiterhin gut aufgerichtet ist, werden Wirbelsäule und Schultern durchgeschüttelt und gelöst werden.

Gehen Sie jetzt ganz anders, mit sehr großen Schritten – so als wollten Ihre Füße weit weg voneinander. Dabei werden sich die Knie nicht mehr strecken können, Ihr Becken wird dafür zu tief sein. Machen Sie einige dieser Riesenschritte.

Kommen Sie dann zurück in die »Mitte« zu Ihrem vertrauten Gang. Hat sich etwas verändert? Was?

■ Gehvariationen probieren

Probieren Sie aus, auf ganz ungewöhnliche Weise zu laufen:

Gehen Sie auf Ihren Fußinnenkanten vorwärts, mit der Vorstellung, Sie wären unterwegs zum Einkaufen. Wie ist das?

Gehen Sie auf Ihren Fußaußenkanten, und stellen Sie sich vor, auf dem Weg zur Arbeit zu sein. Wie ist das?

Gehen Sie auf Ihren Fußspitzen mit dem Gedanken daran, gerade befördert worden zu sein. Wie ist das?

Gehen Sie auf Ihren Fersen, und stellen Sie sich vor, Sie seien auf dem Weg zu einer Konferenz. Wie ist das?

Gehen Sie auf Ihrem ganzen Fuß, und Sie werden registrieren, wie wohl das tut, wenn Ihr Gewicht mittig ausbalanciert ist.

■ Tempo und Beweglichkeit

Steigern Sie jetzt Ihre Energie, und erhöhen Sie das Tempo bei den nächsten Übungen. Sie erreichen darüber verschiedene Körperspannungen und fördern auch Ihre Präsenz im Raum.

Gehen Sie in schnellen Wechseln ein paar Schritte vorwärts, dann rückwärts und dann seitwärts. Probieren Sie schnelle Drehungen und Wendungen aus. Vielleicht hilft Ihnen dabei die Vorstellung, dass Sie sich in einem Labyrinth befinden und ständig neue Wege probieren. Oder stellen Sie sich vor, Ihr Körper ist wie eine Feder im Wind und wird herumgewirbelt.

Bleiben Sie dann plötzlich stehen, und schließen Sie die Augen. Überprüfen Sie, wie sich Ihr Körper jetzt anfühlt. Scheint er zentrierter?

2. Die Atmung ist das Wesentliche

> *»Breath is key to all human activity.«*
> JANE BOSTON / RENA COOK,
> »BREATH IN ACTION«

Atmen heißt leben

Der Atem ist die körperliche Basis für das Sprechen, denn durch ihn werden die Stimmlippen in Schwingung gebracht, so dass Stimmklang entstehen und Denken mit Hilfe der Artikulationsorgane in Sprechen umgesetzt werden kann. Durch Engestellen an den Artikulationsorganen entstehen mit dem ausgehenden Atem Geräusche (*»f«*, *»sch«*, *»p«* etc.), die essentiell für die Artikulation sind. Die Stimme ist völlig von der Qualität des Atems abhängig, weshalb Stimmarbeit zumeist mit Atemübungen anfängt. Dieses Kapitel zu Funktion und Wirkung der Atmung soll verdeutlichen, wie der Atem die Stimme und das Sprechen beeinflusst.

Die primäre Funktion der Atmung ist Lebenserhaltung. Das Leben außerhalb des Mutterleibes fängt mit dem Atmen an. Die Lungen entfalten sich durch den ersten Atemzug, der tief und voll sein sollte. Die Luft muss bis in den untersten Teil der Lungen einfallen, um sie vollständig zu entfalten. Die plötzliche Veränderung beim Austritt aus dem Mutterleib, die anderen Druckverhältnisse, die veränderten, meist kälteren Temperaturen, Lichtverhältnisse, Geräusche und Gerüche reizen die Sinne des Neugeborenen und tragen dazu bei, es zum ersten Atemzug zu stimulieren. Das gesamte Leben hindurch sind die Atmungsorgane aktiv; das Leben endet durch Atemstillstand.

Wir können mehrere Tage ohne Wasser und Wochen ohne Nahrung auskommen, aber nur wenige Minuten ohne Sauerstoff.

Das Atemzentrum

Die Atmung wird durch ein autonomes Zentrum im Gehirn gesteuert, das sich im Hirnstamm befindet, weit unten am Übergang zum Rückenmark. Aus diesem Zentrum »fließen« eine ganze Reihe von Nerven und Neuronen über Bahnen im Rückenmark zu den Atemmuskeln. Sie werden innerviert und reagieren mit Bewegung.

Die Hauptatemmuskeln

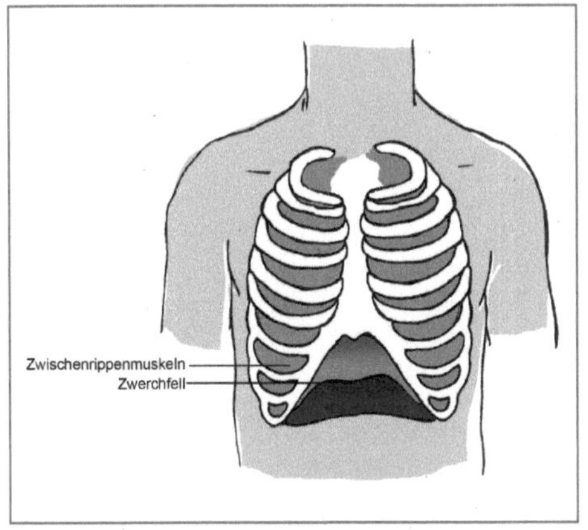

Zwerchfell und Zwischenrippenmuskulatur

Der stärkste Atmungsmuskel ist das Zwerchfell, das Diaphragma. Es ist ein dünnes, flaches Muskel-Sehnengewebe, festgewachsen an der Wirbelsäule, den Rippen und an der inneren Körperwand. Es durchzieht die Mitte des Körpers zwischen Brust- und Bauchraum horizontal (deshalb sein Name »Querfell«, vom mittelhochdeutschen *twerch* = »quer«) und ist direkt mit der Basis der Lungenflügel verbunden. Das Zwerchfell ist im Entspannungzustand leicht nach oben gewölbt; man kann es sich wie einen aufgespannten Regenschirm mit einigen Öffnungen vorstellen. Durch die größte Öffnung führt die Speiseröhre in den Bauchraum, durch kleinere Adern und Nerven.

Die Zwischenrippenmuskulatur, die Interkostalmuskulatur, gehört neben dem Zwerchfell zum wichtigsten Teil der Atmungsmuskulatur. Sie befindet sich, wie der Name sagt, zwischen den Rippen.

So funktioniert die Atmung

Bei der Einatmung, der Inspiration, senkt sich das Zwerchfell nach unten, flacht ab und erweitert so den Brustraum. Dadurch entsteht Unterdruck in der Lunge, die sich diesem Zug folgend ausdehnt und Luft ansaugt. Verstärkt wird dieser Prozess durch die Anspannung der externen Zwischenrippenmuskeln, die den Brustkorb ein wenig nach allen Seiten weiten.

Die Zwerchfelltätigkeit bewirkt auch, dass sich der Druck auf Bauch- und Beckeneingeweide erhöht. Sichtbares Zeichen ist, dass sich der Bauch leicht nach vorn wölbt, weshalb auch häufig von »Bauchatmung« gesprochen wird.

Bei der Ausatmung, der Exspiration, entspannt sich das Zwerchfell nach oben. Dies geschieht ähnlich wie bei einer Feder, die, erst gespannt und dann losgelassen, von allein wieder zurückschnellt und kohlenstoffreichen Atem nach außen befördert. Diese tiefe Atmung wird als Zwerchfellatmung bezeichnet. Sie fördert gleichzeitig durch den Druck nach unten und das Zurückschnellen nach oben die Durchblutung der Eingeweide und den Blutrückstrom zum Herzen. Die Zwerchfellatmung fördert damit auch die Verdauung und kann außerdem Blutdruck senkend wirken. Sie wirkt häufig beruhigend und kann zum seelischen Wohlgefühl beitragen.

Als Brustatmung wird die Atmungsweise bezeichnet, bei der hauptsächlich die Interkostalmuskulatur aktiv ist. Sie hebt und weitet die Rippen und erhöht dadurch das Volumen im Brustkorb.

Sind beide Muskelgruppen, Zwerchfell und Zwischenrippenmuskeln, aktiv, bezeichnet man dies als kombinierte Vollatmung. Diese ist angeboren und funktioniert auf der unwillkürlichen Ebene; durch sie kann das gesamte Lungenvolumen genutzt werden.

Auf der Basis eines solch entspannten und gleichzeitig vollen Atems kann auch die Stimme ebenso entspannt und frei für die Artikulation sein.

Unökonomisches Atmen und Fehlatmungen

Häufig nutzen Menschen ihre Atemkapazität nicht vollständig. Viele atmen beispielsweise zu flach und lassen nur eine geringe Zwerchfellatmung zu. Andere ziehen beim Einatmen den Bauch ein, so dass sich die Brust nach oben wölbt, sie atmen »paradox«, also gegenläufig zur natürlichen Atmung.

Weit verbreitet ist die Hochatmung, bei der die Hals- und Schultermuskulatur, die Atemhilfsmuskulatur, beteiligt sind. Sie wird als krankhafte Fehlatmung bezeichnet.[6]

Resultate dieser unökonomischen oder falschen Atemweisen sind unnötige Belastung der Schulter- und Nackenmuskulatur, die sich beeinträchtigend auf den Kehlkopf und damit auf die Stimme auswirken.

---

6 Vgl. Günther Wirth: Stimmstörungen

Mangelnde Koordination von Atmen und Sprechen kann zu gepresstem und holprigem Sprechen führen. Außerdem stellt sich bei solchen Fehlkoordinationen meist ein Gefühl von Kurzatmigkeit ein, weil zu wenig neuer Atem aufgenommen wurde. Das wiederum wirkt sich ungünstig auf das Denken und Sprechen aus.

Falsche oder unökonomische Atmung hat vielfach auch Einfluss auf den emotionalen Zustand von Menschen. Bekannte Symptome sind unangenehme Gefühle wie Druck, Engegefühle, Beklemmungen oder Angst.

Die Feinfühligkeit des Atems

Bedrückende Gefühle können nicht nur die Folge, sondern auch die Ursache für Fehlatmung sein. Die Atmungsmuskeln funktionieren willensunabhängig und sind, anders als die äußere Skelettmuskulatur, nicht steuerbar. Obgleich wir bewusst die Luft »anhalten« können, gelingt das nur für kurze Zeit, bevor das Zwerchfell seine Tätigkeit wieder aufnimmt. Es ist, wie die gesamte viscerale Muskulatur, autonom gesteuert.

Die viscerale Muskulatur reagiert unmittelbar auf Emotionen.[7] Es ist ein weit verbreitetes Phänomen, dass der Atem stockt, wenn man sich erschrickt, dass er flacher wird, wenn man sich bedrückt fühlt, und dass er sich bei Angst beschleunigt. Viele kennen Gefühle von Atemnot, bei denen sich Brustkorb und Kehle verengt zu haben scheinen. Seelischer Druck kann die Bauch- und Rückenmuskeln so verspannen, dass geschmeidige Bewegungen des Zwerchfells und der Zwischenrippenmuskulatur kaum möglich sind. Die Auswirkungen auf die Stimme und das Sprechen sind zwangsläufig und vielfältig.

Atem kann schützen

Wer flach atmet oder den Atem für einen Moment anhält, spürt seine Gefühle weniger stark. Wir können Gefühle »anhalten«, indem wir die äußere Bauchmuskulatur anspannen. Darüber erhöht sich der Druck

---

7 Vgl. Antonio Damasio: Ich fühle, also bin ich

auf das Zwerchfell sowie auf das Solarplexus-Nervengeflecht, das sich dicht am Zwerchfell befindet – Atmen und Fühlen sind auch daher so eng verbunden. Durch den Druck sind die Nerven weniger empfindsam und können weniger Reize empfangen (wie eine »eingeschlafene« Hand, die weniger schmerzempfindlich ist). Gleichzeitig kann sich das Zwerchfell nicht mehr so intensiv bewegen; es scheint unter Dauerdruck zu stehen, was die Atmung beeinträchtigt. Wir halten mit dem Atem Gefühle an und verschieben sie auf einen späteren Zeitpunkt, oft verdrängen wir sie in das Unbewusste. Man kann das als Schutzreaktion des Körpers hinsichtlich der emotionalen Bedrohung bezeichnen, die bei bedrängenden oder traumatischen Situationen eintritt. Dies ist keine bewusst entschiedene Reaktion, sie geschieht als Folge von Belastungen und stört die unwillkürliche, angeborene Freiheit der Atmung und damit die Stimmgebung.

Wird der Atem durch Anspannen der Atem- oder der Bauchmuskeln häufig gehalten, so wird als körperliche Folge die Atmung langfristig falsch sein oder zumindest nur eingeschränkt funktionieren.

Viele bemerken das nicht einmal, da das Atemhalten für sie zur Gewohnheit geworden ist – nicht zuletzt auch wegen althergebrachter und neuer fragwürdiger Mode- und Schönheitsideale (»Brust raus – Bauch rein«).

Beobachten Sie sich: Wie oft am Tag spannen Sie Ihren Bauch an?

Atem loslassen heißt Gefühle loslassen

Lösen von Verspannungen und Freisetzen des Atems können zur Folge haben, dass früher nicht ausgelebte oder verdrängte Gefühle aus dem Unbewussten geweckt werden und in Erinnerung kommen. Es kann sein, dass sich dabei nur der Körper »erinnert«, ohne dass die Erinnerung in das Bewusstsein dringt und benannt werden könnte. Es kommt vor, dass Menschen weinen, wenn sie seufzend ihren Atem loslassen – ohne zu wissen, warum. Eine undefinierbare Art von Trauer ist für sie spürbar, wahrscheinlich deshalb undefinierbar, weil sie in eine längst vergangene Zeit gehört. Auch andere emotionale Zustände wie Hochgefühle können sich einstellen – vielleicht, weil sie vormals nicht ausgelebt werden konnten.

Genauso können Gefühle jedoch aktiv durch die Atmung beeinflusst und verändert werden: Es ist möglich, sich selbst wieder zu einer freien

Atmung und damit zu Ruhe zu verhelfen. Wir seufzen unwillkürlich tief und erleichtert, wenn uns etwas Gutes gelungen oder widerfahren ist. Diaphragma und Interkostalmuskeln bewegen sich intensiv in die Tiefe, Weite und Höhe.

Das Prinzip lautet: Ich bin erleichtert – und seufze.

Durch diese wechselseitige Verknüpfung von Atmung und Gefühl lässt sich das Prinzip auch umkehren: Ich seufze – und bin erleichtert.

Wir können den Zustand von Erleichterung bewusst herstellen, denn der Körper kennt diese Verbindung von Gefühl und Atmung. Wir können einen erleichterten körperlichen Zustand simulieren, um darüber einen neuen Gefühlszustand zu erreichen. Auch die neuere Hirnforschung postuliert, dass es für das Gehirn unerheblich ist, ob tatsächlich geschehene oder erdachte Erlebnisse stattgefunden haben: Es reagiert gleich.[8]

Das Phänomen der Entspannung durch Imagination ist z. B. aus Disziplinen wie dem Autogenen Training oder der Feldenkrais-Methode bekannt.

8 Vgl. Damasio

Übungen

Feinfühligkeit aus der Körpermitte

Beim folgenden Übungsteil zielt also das Interesse am Atem darauf ab, ihn von hindernden Spannungen zu befreien und körperlich wie emotional zu erfahren, wie er in zwischenmenschlicher Kommunikation reagiert.

Prinzipiell gilt: Ist der Atem frei, so ist die Stimme frei.

Unser Atem reagiert selbst beim Zuhören auf Gedanken und Gefühle und beeinflusst damit auch die Stimme und das Sprechen. Je mehr Zugang wir zum Zentrum der Atmung (Zwerchfell und Interkostalmuskulatur) haben, desto eher können wir erkennen, ob die Atmung ungehindert geschieht, also »frei« ist, oder, wenn das nicht der Fall ist, wie wir das erreichen können. Auch wenn wir unser Atmungszentrum nur eingeschränkt bewusst steuern können, vermögen wir es über unsere Vorstellungskraft zu beeinflussen.

Auf den nächsten Seiten finden Sie Übungen durch die Sie Ihre Atmungsmuskulatur erreichen können. Kristin Linklater[9] empfiehlt, sich auf drei Weisen der Wahrnehmung des Atems zu nähern:

- den Atem beobachten
- den Atem durch einen kleinen Seufzer auf »*fh*« freisetzen
- den Atem durch einen großen stimmlosen Erleichterungsseufzer auf »*haa*« freisetzen.

Lesen Sie zunächst die Anleitungen zu den Übungen durch, bevor Sie die Übungen umsetzen!

■ Atem beobachten

Legen Sie sich auf den Rücken, und schließen Sie die Augen. Seien Sie sich dessen bewusst, dass im Liegen die äußeren Muskeln loslassen können: die Muskeln in Ihren Beinen, in Ihrem Bauch- und Rückenbereich, die Muskeln in den Armen sowie Ihre Nacken- und Halsmuskulatur. Lassen Sie auch die Muskeln in Ihrem Gesicht los, und entspannen Sie Ihre Augen. Entspannen Sie auch die feinen Muskeln auf Ihrem Schädel. Geben Sie sich der Schwerkraft hin, und registrieren Sie,

9 Vgl. Kristin Linklater: Die persönliche Stimme entwickeln

dass der Boden Sie trägt, so dass Sie Ihren Körper nicht zu halten brauchen.

Achten Sie darauf, dass Sie völlig entspannt liegen ohne einzuschlafen, sondern dass Sie im Gegenteil hellwach für die Beobachtungen in Ihrem Körper sind.

Visualisieren Sie jetzt viel Raum in Ihrem Körper, und stellen Sie sich ihn für eine Weile weitgehend hohl oder leer vor.

Stellen Sie sich Raum hinter Ihrer »Gesichtsmaske« vor; »sehen« Sie mit Ihrem geistigen Auge die Augenhöhle, die Nasenhöhlen, die Mundhöhle, und sehen Sie durch einen weiten Raum in Ihrer Kehle bis in den Brustraum hinunter. Sehen Sie den Platz zwischen den vorderen Rippenbögen und der Wirbelsäule, und schauen Sie in Ihrer Vorstellung in den weiten Raum im Becken.

Stellen Sie sich Ihr Zwerchfell zwischen Brust- und Beckenraum vor. Visualisieren Sie seine Bewegungen: die Auf- und Abbewegungen in Richtung Ihres Kopfes und in Richtung Ihrer Füße. Sie können sich Ihr Zwerchfell wie einen seidenen Fallschirm vorstellen, der hinauf und hinunter weht.

Beobachten Sie jetzt den Rhythmus Ihrer Atmung; beobachten Sie aber nur, beeinflussen Sie ihn nicht! Beobachten Sie, wie der Bauch sich in Richtung der Decke anhebt, wenn Atem einströmt, und wie er zur Schwerkraft fällt, wenn Atem ausgeht. Beobachten Sie auch die kleine Pause, die dazwischen ist; sie ist völlig ruhig und leer. Ihr Körper ist gut versorgt und benötigt keinen neuen Sauerstoff. Dann innerviert ein neuer Impuls Ihr Zwerchfell; es senkt sich wieder, und in Folge geht Ihr Bauch nach außen. Dieser Prozess wiederholt sich ständig. Lassen Sie zu, dass Ihr Körper Ihnen zeigt, wie die Atmung ist: Atem geht ein und aus, und dann folgt eine Atempause.

Interessieren Sie sich jetzt für Ihre Atempause, ohne dass Sie sie verlängern oder eilig verkürzen, beobachten Sie diese Pause nur.

Geben Sie sich dem dreiteiligen Rhythmus Ihres Körpers hin.

Stellen Sie sich vor, dass der eingehende Atem mit Aufnehmen / sich Erfüllen zu tun hat und der ausgehende mit Geben / sich Hingeben.

Stellen Sie sich vor, dass die Atempause mit Vertrauen verknüpft ist, dem Vertrauen darauf, dass der Körper Sie »atmet«. Sie müssen nichts tun, als sich diesem Rhythmus hinzugeben.

Nehmen Sie sich Zeit, diese Übung öfter zu machen; sie wirkt beruhigend, und Sie »kommen zu sich« – Ihre Atmung ist verknüpft mit Ihrem Selbst, mit Ihrer Psyche.

Atem freisetzen auf »*fh*«

Sie haben jetzt Ihren natürlichen Atmungsrhythmus beobachtet. Im nächsten Schritt lenken Sie Ihre Gedanken aktiv und registrieren, wie sich das auf den Atem auswirkt. Sie liegen immer noch auf dem Rücken!

Bei der Ruheatmung nimmt der Ein- und Ausatemstrom den Weg zur Luftröhre durch die Nase. Bei der Sprechatmung, die hier im Fokus steht, erfolgen Ein- und Ausatmung über den Mund. Daher wird in den nächsten Übungen die Atmung durch die offenen Lippen bevorzugt.

Öffnen Sie Ihre Lippen leicht, gerade so, dass Luft hindurch kommt. Denken Sie diesen oder einen ähnlichen Gedanken: Der nächste ausgehende Atem gelangt auf ein undeutlich artikuliertes »*fh*« vom Zwerchfell direkt hoch in den Mundraum.

Denken Sie »*fh*«, und der Atem wird, etwas gebündelt, in Ihrem vorderen Mundraum ankommen. Weil das keine Artikulationsübung ist, sollen die Lippen möglichst unbeteiligt bleiben; der Fokus liegt auf der Erfahrung des Atems. Er entweicht dem Körper in den Mundraum, und dorthin soll in späteren Übungen die Stimme dem Atem folgen.

Ihr Körper nimmt sich auf ökonomische Weise für dieses »*fh*« genau die Atemmenge, die er dafür benötigt. Der Atem wird sich in seinem Rhythmus und seiner Menge dabei kaum von dem unterscheiden, den Sie vorher beobachtet hatten – zumindest ist dies das Ziel. Wiederholen Sie mehrmals: »*fh*«.

Seien Sie genau bei dieser Übung, denn es kommt häufig vor, dass der Atem durch den Denkprozess zu stark beeinflusst wird und dadurch zu viel Druck bekommt; als wollte man das Ergebnis des Denkprozesses durch ein akustisches, ein starkes Atemgeräusch deutlich hören. In dem Fall irritiert der Gedanke den Atem, statt sich mit ihm zu verknüpfen.

Probieren Sie im nächsten Schritt, wie sich ein möglichst »neutraler« Gedanke, also wenig gefühlsmäßig gefüllt und wenig zielgerichtet, auf das Zwerchfell auswirkt: Denken Sie beispielsweise an eine Zahl.

Denken Sie an die Zahl 5 (fünf), und lassen Sie dabei den Atem diesen Gedanken »tragen« und ihn wie vorher in Ihrem vorderen Mundraum ankommen: »*fh*« (fünf).

Drücken Sie nicht nach, denken Sie nur die Zahl fünf *(»fh«)*.

Erneuern Sie diesen, auf den ersten Blick nicht sehr spektakulären Denkprozess mit weiteren gedachten Zahlen: Denken Sie 4, denken Sie 18, denken Sie 99, denken Sie 40000, denken Sie 2011.

Ist der Atem bei allen Zahlen gleich? Verknüpft er sich mit Assoziationen oder Erinnerungen? Ändert sich die Spannung, wenn vielleicht auch nur minimal?

Der Atem wird vermutlich Veränderungen zeigen, sogar bei solch scheinbar nichtigen Gedanken – weil der Atem auf jeden Gedanken reagiert.

Wie viel mehr wird der Atem von Impulsen des Gehirns beeinflusst, die einen weitaus größeren emotionalen Gehalt haben als Zahlen!

■ Atem freisetzen auf *»haa«*

Bleiben Sie weiter auf dem Rücken liegen, und öffnen Sie leicht die Lippen, so dass der Atem über den Mund ein- und ausgeht.

Denken Sie an eine angenehme Erfahrung, bei der Sie Erleichterung oder Freude empfunden haben, und lassen Sie in Erinnerung an dieses Gefühl einen Atemseufzer los, ein stimmloses, geflüstertes: *»haa«*.

Lassen Sie Ihren Mund dabei entspannt und ein wenig geöffnet, so dass der Atem genug Raum zum Entweichen hat: *»haa«*.

Dieser Seufzer geschieht in der Regel von alleine, wenn wir uns in entsprechender Situation befinden; er ist durch Vorstellung und Erinnerung wieder herstellbar.

Seufzen Sie intensiv mit dem Gedanken an ein Gefühl wie »Geschafft!« oder »Mir fällt ein Stein von Herzen« oder »Was für eine wunderbare Überraschung!«.

Achten Sie darauf, dass Sie den Atem nicht aktiv einnehmen oder gar einsaugen; er fällt von alleine ein, wenn Sie an Erleichterung denken.

Das Zwerchfell wird sich dabei weit nach unten bewegen und Ihr Bauch sich in Richtung Decke anheben. Mit dem ausgehenden Atem wird das Zwerchfell nach oben in Richtung Ihres Kopfes zurückschnellen, und Ihr Bauch wird fallen. Wiederholen und vertiefen Sie, wenn möglich, die Gedanken an das Gefühl von Erleichterung / Freude.

Lassen Sie bei diesen Übungen Ihren Atem einfach los, führen Sie ihn nicht bewusst, denn langsames Loslassen erfolgt über ein Halten des Zwerchfellmuskels.

Achten Sie darauf, dass das Loslassen des Atems plötzlich und ungebremst geschieht, so als ob Sie im Stehen Ihren zur Seite ausgestreckten Arm fallen ließen, statt ihn nach unten zu führen. So wie das Freisetzen Ihres Armes große Energie frei setzt – die Hand wird kraftvoll auf Ihren Oberschenkel klatschen –, setzt auch das Freilassen des Atems Energie und Ausdruck frei: Der Atem lässt die Emotion ungefiltert los.

Sollte sich bei der Übung keine Erinnerung an ein erleichterndes Gefühl einstellen, sondern möglicherweise sogar Trauer oder Wut, so seufzen Sie trotzdem Ihren Atem intensiv frei; machen Sie den Seufzer absichtlich. Sie werden wahrscheinlich feststellen, dass das Freilassen des Atems (und damit des Gefühls) zu Erleichterung führt.

Auch wenn Sie Unangenehmes loslassen, wird es Ihnen leichter werden, denn Erleichterung und Loslassen gehen Hand in Hand: Erleichterung zeigt sich in Loslassen, und Loslassen schafft fühlbare Erleichterung.

Nachdem Sie einige Male tief geseufzt haben, kehren Sie wieder zu Ihrem natürlichen Atemrhythmus zurück, und beobachten Sie, ob er sich verändert hat.

Ist der Rhythmus gleichmäßiger geworden? Hat sich die Atempause verlängert? Fühlen Sie sich ruhiger und gleichzeitig energetischer?

➲ **Nehmen Sie diese Basisübungen zur Atmung in Ihr Trainingsprogramm auf. Notieren Sie sich detaillierte Beobachtungen in Teil C unter »Atemübungen – Basisübungen« (S. 143).**

■ Gedanke, Emotion und Atem

Denken Sie jetzt einzelne Wörter hintereinander, dieses Mal keine Zahlen, sondern bedeutendere Worte wie »Ich«.

Lassen Sie den Gedanken »Ich« gleichzeitig mit Ihrem Atem auf *»fh«* los.

Registrieren Sie, was Sie dabei denken und empfinden: *»fh«* (Ich).

Und noch ein- oder zweimal: *»fh«* (Ich).

Welche Bilder, Erinnerungen und Gefühle kommen in Ihr Bewusstsein? Sehen Sie sich als kleines Kind? Oder in Ihrer jetzigen beruflichen Situation; als Sohn oder Tochter; mit Ihrem momentanen Interesse?

Bedenken Sie, dass auch Erinnerungen an Ihre Sinneswahrnehmungen eine Rolle dabei spielen können: Tauchen mit dem Gedanken gleichzeitig Erinnerungen an gewisse optische, akustische oder taktile Eindrücke auf – oder an einen Geruch oder Geschmack?

Registrieren Sie den Zusammenhang zwischen: Gedanke – Emotion – Sinne – Atem.

Wenn Sie die Verknüpfung dieser vier Teilaspekte achtsam wahrnehmen, kann das kleine Wort »Ich« eine große Bedeutung bekommen; seine Intensität kann sich für Sie verstärken.

Vergewissern Sie sich: Ihr Atem *(»fh«)* lässt das Gefühl, den Gedanken und die innere Haltung direkt los. Der Atem kommt ungehindert in Ihren vorderen Mundraum.

Wiederholen Sie die Übung mit anderen Worten, die kraftvolle Bilder tragen, wie: *Du, Wir, Leben, Sonne, Schnee, Erde, Kind, Feuer* oder ähnliche.

Lassen Sie sich nach jedem Wort etwas Zeit, bevor Sie das nächste denken.

■ Flüstern

Übertragen Sie zum Abschluss die Übungen in das Sprechen, allerdings immer noch ohne Beteiligung Ihrer Stimme. Flüstern Sie, d.h. artikulieren Sie auf Ihren ausgehenden Atem ein Wort nach dem anderen: *Ich, Du, Wir, Leben, Sonne, Schnee, Erde, Kind, Feuer.*

Achten Sie auf die Freiheit, auf das Loslassen Ihres Atems bei jedem Wort, so dass »der Text« vom Zwerchfell direkt in Ihren vorderen Mundraum kommt. Der Atem benötigt keinen zusätzlichen Druck, weder von den Bauchmuskeln noch von den Kehlkopfmuskeln; er benötigt nur den klaren Gedanken.

Lassen Sie sich nach jedem Wort Zeit, es wirken zu lassen, als wollten Sie überdenken, was Sie gerade gesagt (geflüstert) haben.

Können Sie die Klarheit, die Direktheit des Gedankens und des Gefühls wahrnehmen und über Ihr Atemgeräusch auch hören?

Bei den Übungen zu Stimme und Sprechen im nächsten Kapitel können Sie diese Erfahrungen auf den weiteren Sprechprozess übertragen.

Kraft aus der Körpermitte

Die folgenden Übungen dienen dazu, die Atmungsmuskeln zu kräftigen und zu flexibilisieren; die Atemkapazität wird erhöht und damit auch die Voraussetzung für eine kräftige Stimme geschaffen.

Achten Sie bei den Übungen im Stehen immer auf die optimale Balance, die im Kapitel zur Körperarbeit beschrieben wurde (z.B. bei »Marionette«, S. 27). Denn wenn die innere Aufrichtungsmuskulatur zu schwach ist, muss die äußere Muskulatur im Bauch- und Rückenbereich mit stützen – dadurch sind diese Muskeln weniger frei für eine feinfühlige, differenzierte Unterstützung des Atmungsgeschehens.

■ Flanken nutzen

Stehen Sie aufrecht, und lassen Sie die äußere Muskulatur entspannt sein, so dass die innere Skelettmuskulatur Sie aufrecht hält. Lassen Sie Bauch- und Pomuskulatur los, und achten Sie darauf, dass Ihre Kniegelenke frei sind, also nicht durchgedrückt.

Übertragen Sie die Basisübungen für die Atmung, die Sie vorher im Liegen probiert haben, jetzt auf die aufrechte Haltung. Die Körperspannung ist im Stehen größer, trotzdem soll die Freiheit des Atems dabei erhalten bleiben.

Gehen Sie wieder schrittweise vor: Beobachten Sie Ihren natürlichen Atemrhythmus für einen Moment. Lassen Sie dann den Atem auf den Gedanken an ein ungeformtes »*fh*« zwischen obere Schneidezähne und Unterlippe gelangen, und seufzen Sie schließlich ein erleichterndes, stimmloses »*haa*«.

Im Stehen passiert es manchmal, dass sich Schultern und Brust mit dem eingehenden Atem anheben und beim Ausseufzen fallen – die Atemenergie fällt in dem Fall »in sich zusammen«, statt in den Raum zu gehen.

Bleiben Sie aufrecht, das Seufzen geschieht innerlich, und geben Sie Ihrem ausgehenden Atem die Richtung an: horizontal aus Ihrem Mund nach vorn. Sie können die Richtung des Atems überprüfen, indem Sie eine Hand im Abstand von etwa einem halben Meter vor Ihr Gesicht halten; seufzen Sie auf Ihre Hand: »*haaa*«.

■ Kopfüber

Lassen Sie jetzt den Kopf nach vorn und nach unten Richtung Boden »fallen«, so dass ihr Oberkörper auch nach unten gezogen wird – wie im Kapitel »Körper« (S. 28) bereits beschrieben. Das Becken ist jetzt Ihr höchster Punkt, der Oberkörper und die Arme hängen lose nach unten, die Knie sind leicht gebeugt. Diese Haltung sollte einigermaßen bequem für Sie sein – zumindest für eine kleine Weile.

Legen Sie Ihre Hände auf Ihren unteren Rücken, in Ihre Flanken, und schicken Sie den Gedanken an einen Erleichterungsseufzer dorthin: Setzen Sie Ihren Atem auf »*haa*« frei.

Die Flanken werden sich beim eingehenden Atem in Ihre Hände auswölben und nach dem »*haa*« zurückschnellen.

Sie dehnen mit dieser Übung die rückwärtige Seite Ihres Zwerchfells, die beim Stehen weniger gut erreichbar ist. Außerdem reicht die Lunge tiefer und weiter in den Rücken als in den vorderen Brustraum hinein.

So kopfüber hängend können Sie Ihr Volumen voll ausschöpfen, so dass Sie mehr Atemkraft entwickeln. In dieser Haltung lässt es sich leichter sichern, dass Brust und Schultern unbeteiligt bleiben. Seufzen Sie drei- bis viermal tief aus.

■ Flankenatmung im Sitzen

Nehmen Sie jetzt Ihre Füße etwas weiter auseinander, lassen Sie Ihr Becken zu Boden sinken (stützen Sie sich dabei mit Ihren Händen ab), und setzen Sie sich hin. Ihre Knie sollten leicht angewinkelt sein, die Fersen auf dem Boden. Nehmen Sie die Beine ein wenig auseinander, so dass Ihr Bauch Platz hat, wenn Sie jetzt Ihren Oberkörper so weit es Ihnen möglich ist nach vorne beugen. Geben Sie Ihre Hände auf Ihre Flanken, und seufzen Sie tief und erleichternd auf ein geflüstertes »*haaa*«. Fühlen Sie mit Ihren Händen die Atembewegung in den Flanken.

Vergrößern Sie, wenn möglich, den Erleichterungsseufzer noch zwei- bis dreimal.

■ Dinge in Gedanken wegpusten

Überprüfen Sie mit dieser Übung, wie verschieden die Intensität und die Kraft des Atems ist, wenn Sie Unterschiedliches denken.

Legen Sie sich auf den Rücken, und stellen Sie sich vor, dass eine kleine Daunenfeder in Richtung Ihres Gesichts hinuntersegelt. Pusten Sie die Feder mit einem kurzen Atemstoß in die Luft über sich: »*fh*«.

Flankenatmung im Sitzen

Wiederholen Sie das mehrmals, und spielen Sie mit der imaginären Feder.

Stellen Sie sich jetzt vor, einen kleinen Luftballon wegzupusten *(»fff«)*, und wiederholen Sie auch das mehrmals.

Stellen Sie sich zum Schluss vor, einen großen Luftballon mit kräftigem Atem wegzublasen *(»ffff«)*.

Warten Sie einen Moment, bis sich Ihr Atem wieder beruhigt hat, und stehen Sie dann auf.

Stehen Sie mit aufgerichteter Wirbelsäule und langem Nacken, und stellen Sie sich vor, eine Daunenfeder zu einem imaginären Partner zu pusten, der Ihnen gegenüber steht. Bündeln Sie den Atemstrom in Ihrem Mund: »*fff*«.

Achten Sie darauf, dass Ihr Kinn sich dabei nicht mit dem Atem nach vorne / oben bewegt, sondern Ihr Nacken aufgerichtet bleibt: Die optimale körperliche Balance wird die Freiheit des Atems unterstützen.

Nehmen Sie wieder das Bild hinzu, Ballons wegzupusten, und blasen Sie diese zu einem gedachten Partner. Nehmen Sie wahr, ob die Atemkapazität im Stehen eine andere ist als im Liegen. Wenn ja, was genau ist anders?

Stellen Sie sich jetzt eine aufregendere Situation vor, verknüpft mit Gedanken wie »Das lasse ich mir nicht bieten!« oder »Weg mit dir!«

Schicken Sie jeden Gedanken mit einem kräftigen Freisetzen Ihres Atems auf »*ffff*« zu einem imaginären Gegenüber.

Probieren Sie aus, wie sich der Atem ändert, wenn die gedachte Situation eine erfreulichere ist wie »Der Urlaub war so schön!« *(»ffff«)*.

■ Hecheln, um das Zwerchfell zu mobilisieren

Über schnelles Ein- und Auslassen des Atems lässt sich der Zwerchfellmuskel gut trainieren und kräftigen.

Stellen Sie sich das Hecheln eines durstigen Hundes vor, der in freudiger Erwartung vor einer Schale Wasser steht, und ahmen Sie dieses Hecheln nach: »*h h h h*«.

Registrieren Sie anhand der reaktiven Bauchbewegung, wie schnell sich Ihr Zwerchfell bewegt; es scheint zu zittern und bewegt den gesamten Torso dabei mit. Achten Sie darauf, dass so viel Atem aus- wie eingeht, da Ihnen sonst (von zu viel Sauerstoff im Blut) leicht schwindelig werden könnte.

Übertragen Sie diese schnelle Zwerchfelltätigkeit auf eine andere Übung: Stehen Sie in optimaler Aufrichtung, und legen Sie zwei Finger auf die Stelle unterhalb Ihres Brustbeins, dorthin, wo das Zwerchfell angewachsen ist. Produzieren Sie mehrmals relativ rasch hintereinander den Verschlusslaut *»ph«*. Sie werden an ihren Fingern indirekt die Zwerchfelltätigkeit fühlen können: *»ph ph ph ph ph«*.

Achten Sie darauf, dass Sie nicht atemlos werden; es sollte automatisch zwischen jedem *»ph«* ein wenig Atem ergänzend einströmen. Ihr Zwerchfell senkt sich also nicht komplett nach unten ab, um einen tiefen Atemzug zu ermöglichen. Erfahrungsgemäß funktioniert das allerdings am Besten, wenn Sie sich dem Tempo hingeben, ohne über Ihre Atemtätigkeit nachzudenken.

Probieren Sie das Gleiche, etwas langsamer, auf: *»phth«*, *»phth«*.

Flüstern Sie dann auf einen Atemzug: *»phth phth phth«*.

Vergewissern Sie sich, dass der Atem kräftig ist und Ihre Kehle trotzdem frei bleibt. Die Muskulatur im Hals sollte nicht nachdrücken. Sie erreichen diese intensiven Atemtätigkeiten auch durch die Aussage *»Bitte kommt!«*, die Sie schnell und dringlich flüstern.

Stellen Sie sich vor, dass die Menschen, die Sie ansprechen wollen, einige Meter von Ihnen entfernt sind, Sie aber andere Anwesende nicht stören möchten und daher flüstern müssen – als wollten Sie jemanden während eines klassischen Konzertes zu sich hinaus bitten: *»Bitte kommt!«*, *»Bitte kommt!«*

Ihr Zwerchfell wird schnell und intensiv bewegt und lässt nach jeder Aussage direkt wieder los, um neuen Atem sofort mit dem neuen Gedanken einfallen zu lassen.

■ Luft einschnüffeln

Je aktiver die äußeren Interkostalmuskeln sind, desto mehr heben sie die Rippen an. In Folge entsteht im Zusammenspiel mit dem Zwerchfell noch mehr Raum im Brustkorb, und die Lunge kann ihr gesamtes Volumen ausschöpfen. Die nächste Übung dient der Kräftigung und Flexibilisierung der Zwischenrippenmuskulatur.

Stützen Sie Ihre Hände in die Seite, und achten Sie darauf, dass sich Ihre Schultern dabei nicht anheben. Fühlen Sie mit Ihren Daumen die hinteren unteren Rippen und mit Ihren vier Fingern die vorderen unteren Rippen. Diese sind nicht am Brustbein festgewachsen und daher besonders flexibel.

Stellen Sie sich vor, auf einem Berg zu stehen und frische Gebirgsluft durch die Nase einzuatmen; füllen Sie sich weit möglichst mit der in Ihrer Vorstellung würzigen, angenehm riechenden Luft. Genießen Sie das

Gefühl, mit dieser frischen Luft so angefüllt zu sein, und behalten Sie sie eine Weile in Ihrem Körper, bevor Sie den Atem mit einem geflüsterten *»haaa«* aus Ihrem geöffneten Mund freisetzen. Lassen Sie den Atem los mit einem Gedanken wie »Das tut gut!« oder »Das riecht gut!«.

Sie werden unter Ihren Händen fühlen, wie sich die unteren Rippen weiten, wenn Sie die Luft einsaugen. Auch der gesamte Brustkorb wird sich weiten, die Interkostalmuskeln sind aktiviert und ermöglichen die zunehmende Ausdehnung der Lunge. Beim ausgehenden Atem werden Sie unter Ihren Händen fühlen, wie die Rippen wieder »zusammenfallen«. Achten Sie darauf, dabei optimal aufgerichtet zu bleiben, so dass sich die Muskeltätigkeit ganz auf die Zwischenrippenmuskeln beschränkt.

Wiederholen Sie das Lufteinschnüffeln noch einmal.

Sie verstärken die Aktivität der Atemmuskeln, wenn Sie die Luft in zwei Schnüfflern hintereinander über die Nase einziehen – und wieder auf *»haaa«* durch den Mund ausatmen.

Achten Sie darauf, dass die Schultern unten bleiben, da ansonsten die Atemhilfsmuskulatur aktiv werden könnte; in dem Fall wäre die Zwischenrippenmuskulatur weniger aktiv.

Probieren Sie dieses Gute-Luft-Einsaugen noch einmal aus, und versuchen Sie jetzt beim ausgehenden Atem *(»haaa«)* den Raum in Ihrer Brust relativ weit zu halten und die Rippen dieses Mal nicht so stark zusammenfallen zu lassen.

Das Zwerchfell entspannt sich und damit sicht- und fühlbar auch der Bauch, jedoch die unteren Rippen bleiben ein wenig weit gestellt.

Es ist nicht ganz einfach, Interkostalmuskeln und Zwerchfell zu trennen, aber als Übung sehr effektiv. Dadurch, dass das Zwerchfell an den Rippen festgewachsen ist, wird es durch das Weitstellen der Rippen mit geweitet und mehr gespannt. Die Übung dient somit seiner Flexibilisierung (Lösen durch Dehnen). Außerdem kann auf diese Weise die Mitte des Zwerchfells gut trainiert werden.

■ Hecheln mit geweiteten Rippen

Vielleicht klappt es, dass Sie die Weite der Rippen wie oben beschrieben halbwegs erhalten und mit schnellen Hechlern Ihre Zwerchfellmitte bewegen. Ihre Bauchdecke wird reaktiv mitbewegt werden.

Nehmen Sie die Hände in die Seiten, saugen Sie Luft durch die Nase ein, behalten Sie die Weite in Ihrem Brustkorb, und hecheln Sie durch den Mund mehrmals Atem ein und aus: *»h h h h h h«*.

Bogenschießen

Stellen Sie sich vor, Sie hielten einen großen Bogen mit einem etwa halben Meter langen Pfeil in Ihren Händen und in zirka fünf Metern Entfernung befände sich eine Zielscheibe. Spannen Sie die imaginierte Sehne, und achten Sie darauf, dass Sie gleichzeitig in eine angemessene Körperspannung kommen (Füße in Schrittstellung, leicht gebeugte Knie und leichtes Beugen des Oberkörpers nach hinten). Begleiten Sie den Flug des Pfeils mit Ihrem Atem, und schießen Sie ihn mit einem kräftigen »*fffff*« ab.

Bogenschießen

In dem Moment, in dem Sie »sehen«, wie der Pfeil auf sein Ziel trifft, lassen Sie gleichzeitig Ihren Atem auf ein »*t*« und Ihre Körperspannung los (Knie strecken sich, der Oberkörper ist wieder aufrecht). Also: »*ffffffffff – t!*«.

Wiederholen Sie die Übung mehrmals, und stellen Sie sich die Zielscheibe in unterschiedlichen Entfernungen vor; einmal nur zwei Meter, einmal sieben Meter, einmal zehn Meter weit weg.

Probieren Sie als Letztes aus, ob Sie auf einen Atemzug zwei Pfeile direkt hintereinander abschießen *(»ffffffff – t, ffffffff – t«)* und dabei jeweils Ihren Körper spannen und lösen können.

Spüren Sie nach, ob Sie sich energetischer als vorher fühlen: Ihr Atemzentrum wird angeregt und Ihr Geist wahrscheinlich wacher sein als zuvor.

In die Luft boxen

Boxen Sie mit Ihren Fäusten in die Luft, und stellen Sie sich dabei vor, auf einen Boxsack einzuhauen – auf diese sportliche Weise animieren Sie Ihre Atmungsmuskeln ebenfalls zu größerer Tätigkeit. Lassen Sie Ihren Körper dazu leicht tänzeln, und schicken Sie bei jedem Boxhieb ein »*phh*« auf den gedachten Boxsack.

Wiederholen Sie die Hiebe und das »*phh*« (oder »*thh*«) mehrere Male hintereinander, dann wieder nur einzeln – so wie es Ihrem Körper gerade passt und es Ihre Atemkapazität zulässt.

■ Flüstern

Stellen Sie sich vor, Sie ahmten jemanden nach, dessen langem Wortschwall Sie tags zuvor zugehört haben, und flüstern Sie schnell hintereinander: »*papapapapapapapapapapapapá!*« Oder »*päpäpäpäpäpäpäpäpäpäpäpä́!*«

Sie werden die Aktivität Ihres Zwerchfells indirekt über die Reaktion Ihrer Bauchdecke spüren: Wenn die Bauchmuskeln nicht angespannt sind, wird der Bauch ein wenig vom Zwerchfell mit bewegt werden. Fühlen Sie mit zwei Fingern unterhalb Ihres Brustbeins nach, ob Sie Ihre Zwerchfelltätigkeit spüren: »*päpäpäpäpäpäpäpäpäpäpäpä*«.

Warten Sie einen kleinen Moment, und wiederholen Sie dann die Übung.

Übertragen Sie zum Abschluss die Übung, immer noch flüsternd, in kurze Gedanken wie »*Wie, was?*«, »*Komm!*«, »*Toll!*«, »*Basta!*«, »*Sofort her!*«, »*Bitte bleib!*«

Achten Sie bei den Flüsterübungen darauf, dass Sie diese nicht zu lange machen und dass kein Druck auf der Kehle ist; das könnte sich ungünstig auf die Stimmlippen auswirken. Lassen Sie den Atem vom Zwerchfell direkt in Ihren vorderen Mundraum kommen, dorthin, wo er artikuliert wird. Dies wird sich dann auf Ihren Stimmsitz und Ihre Artikulation positiv auswirken.

Nachdem jetzt die Verbindung von Gedanken, Emotionen, Sinnen und Atem verdeutlicht wurde und Übungen zu Kraft und Ausdauer probiert wurden, können Sie damit beginnen, diese Erfahrungen in die Arbeit an der Stimme zu übertragen.

➲ Welche der Übungen zur Kraft der Atmung möchten Sie in Ihr Trainingsprogramm aufnehmen? Notieren Sie sich Ihr persönliches Lernziel und detaillierte Beobachtungen in Teil C unter »Atemübungen zu vermehrter Kraft« (S. 144).

3. Die Stimme – Spiegel der Seele

»Man könnte ein ganzes Buch dazu verwenden,
die brillanten Umwege der Stimme aufzuzeigen,
ihren Besitzer davor zu schützen, erkannt zu werden.
Es gibt Stimmen, die sich zu Experten entwickelt haben,
einen harten, aggressiven Gewinner zu verkünden,
um einen verängstigten, unsicheren kleinen Jungen abzuschirmen;
Stimmen, die säuseln oder flüstern, um die Stärke einer Frau zu verkleiden.«

KRISTIN LINKLATER, »DIE PERSÖNLICHE STIMME ENTWICKELN«

Die Einzigartigkeit der Stimme

Die primäre Funktion der Stimm- und Sprechorgane ist Lebenserhaltung: Saugen, Lutschen, Kauen, Schmecken und Schlucken sichern die Nahrungsaufnahme und die Beförderung von Milch oder Brei in die Speiseröhre. Unser gesamter Vokaltrakt (Kehle, Rachen, Mund- und Nasenraum) ist dadurch eng mit dem befriedigenden Gefühl von gestilltem Hunger verknüpft und, da Babys auch häufig zu ihrer Beruhigung gestillt werden, mit dem Gefühl von Geborgenheit und Zufriedenheit.

Die sekundäre Funktion der Stimm- und Sprechorgane ist die zwischenmenschliche Kommunikation. Für Säuglinge sind die Stimm- und Sprechorgane Mittler dafür, Nöte wie Hunger oder Schmerz und Emotionen wie Zufriedenheit oder Angst auszudrücken.

Jeder Mensch hat eine einzigartige Stimme, die so individuell und persönlich ist wie sein Fingerabdruck. Manche Stimmen können anderen sehr ähnlich sein, wie die von Eltern und Kindern, aber völlig gleich sind sie nie.

Beim Sprechen drücken wir über die Wörter unsere Gedanken aus, und gleichzeitig offenbaren Stimme und Sprechweise die den Gedanken zugrunde liegenden Emotionen. Allein der Tonfall der Stimme deckt den Gefühlszustand der sprechenden Person mit auf: Die Stimme offenbart unsere Stimmungen, weil sie zusammen mit dem Atem eng mit unserem Selbst, unserer Psyche verknüpft ist.

Die Begriffe »Person / Persönlichkeit« entstammen dem lateinischen *persona*. So wurde die Maske genannt, die sich die antiken Schauspieler beim Spiel vors Gesicht hielten, so dass keine Mimik sichtbar, sondern nur Stimmen hörbar waren. *Personare* heißt übersetzt »durchklingen« und verdeutlicht die Verbindung von Mensch und Stimme: Durch die Stimme hören wir den Menschen hinter seinem Sprechen.

Sprechen und Sprachgebrauch liefern uns eher Informationen über regionale und soziale Herkunft, Bildung, Wissen und dergleichen.

Die Stimme ist angeboren und offenbart direkt und ungefiltert den momentanen körperlichen und emotionalen Zustand eines Säuglings. Kein Baby oder Kleinkind kann seine Stimme verstellen, obgleich es bereits in den ersten Wochen anfängt andere Stimmen nachzuahmen und schon nach wenigen Monaten Laute kopiert. Aber es wird nicht schreien, ohne ein Hunger- oder Schmerzempfinden zu haben, und es wird nicht zufrieden gurren, ohne dass es auch zufrieden wäre. Die Stimme stimmt mit der Emotion überein, sie ist wahrhaftig, belastbar und ausdrucksstark. Wie selten ist das noch bei Erwachsenen der Fall!

So funktioniert die Stimme

Die menschliche Stimme ist in ihrer Funktion sehr komplex und beschäftigt Forschende aus Natur- und Geisteswissenschaften gleichermaßen, Mediziner und Logopäden sowie Sprechwissenschaftler und Psychologen. Im Folgenden wird zunächst die funktionale Wirkungsweise der Stimme auf vereinfachte Weise erläutert.

Die Stimme entsteht durch Schwingungen der beiden Stimmlippen, die sich im Kehlkopf befinden. Der Kehlkopf besteht aus Knorpeln und Bändern und ist innen weitgehend hohl. Er ist umgeben von vielen kleinen Muskeln, die auch die Strukturen um die Stimmlippen mit beeinflussen. Die Primärfunktion des Kehlkopfes ist es, die Luftröhre davor zu schützen, dass Speisen oder Getränke hineingeraten. Dafür ist der Kehldeckel zuständig, der beim Schlucken durch die Zunge bewegt wird und dabei die Luftröhre abschließt.

Der Verschluss der Stimmmuskeln im Kehlkopf bewirkt, dass mehr Druck und dadurch mehr Kraft im Körper aufgebaut werden kann – zum Beispiel, um etwas Schweres zu tragen.

Im Kehlkopf sind horizontal zwei an Knorpeln festgewachsene Stimmlippen gespannt: schmale, elastische Bänder, die wie zwei weiße Segel aussehen und etwa fünfzehn bis zwanzig Millimeter lang sind; bei Frauen kürzer, bei Männern länger. Sie bestehen aus Muskelfasern, aus Bindegewebe und Schleimhaut.

Bei ruhiger Atmung sind die Stimmlippen entspannt und der Spalt zwischen ihnen ist geöffnet; so kann Atem ungehindert ein- und ausströmen.

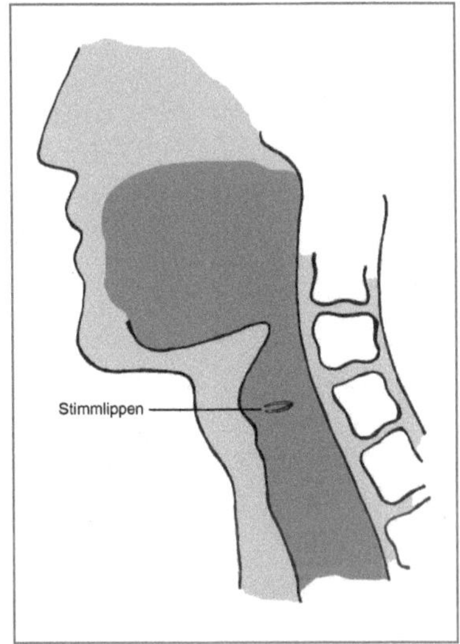

Lage der Stimmlippen

Wenn sich jemand entscheidet zu sprechen, folgen die Stimmmuskeln diesem Impuls direkt und sorgen dafür, dass sich die Stimmlippen schließen, so dass sich ihre Ränder berühren. Durch den Druck des Ausatemstroms (Phonationsatem) gegen die jetzt geschlossene Ritze zwischen den Stimmlippen werden diese auseinander gedrückt und in gleichmäßige Schwingungen versetzt (reine Sinusschwingung). Die Stimmlippen öffnen und schließen dabei sehr schnell, bis zu fünfhundert Mal in der Sekunde – dabei zergliedern sie den Phonationsatem.

Durch die Berührung der Stimmlippen entsteht der sogenannte Primärton oder Stimmlippenton. Dieses Phänomen kann das Beispiel eines aufgeblasenen Luftballons veranschaulichen: Lässt man die Luft aus dem Ballon und zieht dabei mit den Fingern die Öffnung auseinander, durch den man ihn aufgeblasen hat, entsteht das typische quietschende Geräusch an der Engestelle, durch die die Luft entweicht.

Die Stimmlippen bringen nicht nur die Atemluft im Kehlkopf zum Schwingen, sondern auch die Atemluft, die sich in Kehle, Mund, Rachen und Nase befindet. Diese Zonen bilden Schall- oder Resonanzräume, die durch ihre unterschiedliche Beschaffenheit verschiedene Klangfarben und Geräusche entstehen lassen. Sie verstärken den Primärton, so dass die Stimme ein größeres Volumen und ihr typisch persönliches Timbre erhält. Die Individualität jeder Stimme ist also auch im unterschiedlichen Körperbau von Menschen begründet. Ebenso entscheiden die Größe des Kehlkopfs und die Masse der Stimmlippen über den Klang, weshalb Männer, deren Kehlkopf in der Regel größer ist als der von Frauen, meist auch tiefere Stimmen haben.

Die Höhe und die Lautstärke des Stimmklangs hängen sowohl von der Länge und der Dicke der Stimmlippen als auch von ihrer Spannung ab. Je länger und größer die Stimmlippen sind, desto tiefer ist die Stimme, je gespannter sie wiederum sind, desto höher wird sie. Die Spannung wird von den Muskelfasern in den Stimmlippen selbst und den Muskeln in und um den Kehlkopf reguliert, die auch auf den emotionalen Zustand reagieren: Schreien spannt die Stimmlippen an, Grummeln entspannt sie.

Nicht nur beim Sprechen entstehen Geräusch und Klang, sondern auch bei den sogenannten Vitalimpulsen, beim Husten, Lachen, Gähnen, Räuspern oder Rülpsen.

Die Stimme ist als Vibration körperlich fühlbar. Sie können das feststellen, wenn Sie sich räuspern oder einen Ton summen und sich dabei die Hand auf die Kehle legen. Ebenso »fühlen« Sie auch Rülpsen oder Räuspern.

Wie alle körperlichen Erscheinungsformen ist die Stimme keine stabile Konstante; sie verändert sich beim Aufwachsen und Altern unablässig.

Die angeborene Ausdruckskraft

Die ursprüngliche Direktheit der Stimmen von Säuglingen und Kleinkindern ändert sich häufig schon nach wenigen Jahren: Anders als vom Kleinkind wird von einem Sechsjährigen in der Regel verlangt, dass er sein Hungergefühl nicht mehr unmittelbar herausschreit, sein Bedürfnis nach Bewegung im Klassenraum zurückstellt und nicht laut aufschluchzt, wenn er getadelt wird. Mit der Entwicklung von Denken und Sprechen wird zumeist vom Kind erwartet, dass es »vernünftiger« handelt als bisher und lernt, seine Bedürfnisse, Gefühle und Absichten sprachlich und in angemessener Form zu äußern.

Das ist ein wichtiger Prozess mündlicher Kommunikation, denn durch das Gespräch wird der Umgang miteinander gefördert; Anliegen und Bedürfnisse werden besprech- und verhandelbar. Das Kind, das in einem Elternhaus mit solchen oder ähnlichen kommunikativen Gepflogenheiten aufwächst, lernt, dass es Lob und Anerkennung erfährt, wenn es ihm gelingt, auch seine Emotionen sprachlich auszudrücken, sie nicht »ausbrechen« zu lassen, sondern seine Bedürfnisse und Nöte zugunsten weniger emotionaler Eruptionen zu äußern.

Vielleicht haben Sie eine ähnliche Situation schon einmal erlebt: An der Supermarktkasse ist ein Berg von Überraschungseiern aufgebaut, und ein Vater steht mit seiner dreijährigen Tochter in der Warteschlange. Der Vater kommt der Bitte des Kindes »Das will ich haben« nicht nach, weil es möglicherweise zuhause noch genügend Süßes gibt; er sagt etwas wie »Nein, du kannst daheim etwas haben«. Das Kind kann Bedürfnisse noch nicht so gut aufschieben, es »braucht« das Überraschungsei genau jetzt, denn das Lustgefühl auf Süßes ist in derselben körperlichen Region (im Bauch) und auf ähnliche Wiese spürbar wie Hunger auf Nahrung. Die Tochter nörgelt also, bettelt, weint oder schreit vielleicht sogar lauthals ihre Bedürfnisse heraus – schließlich hat das am Anfang ihres Lebens in der Regel befriedigende Reaktionen nach sich gezogen; sie wurde gestillt und getröstet, wenn sie vor Hunger schrie. Jetzt aber wird sie vielleicht das Gegenteil erfahren, ihre Bedürfnisse werden nicht erfüllt, und es können selbst Maßregelungen auf ihr Gebaren folgen, manchmal sogar Strafe.

Wenn ein Kind ähnliche Situationen viele Male erfährt, begreift es, dass es etwas ändern muss.

Bei einem späteren Supermarktbesuch, wenn das Mädchen wieder diesen unwiderstehlichen Appetit auf Süßigkeiten verspürt, wird gleichzeitig mit dem Naschbedürfnis ein negatives Gefühl in Erinnerung an die Maßregelung durch den Erwachsenen spürbar werden (wiederum im Bauch). Das Kind wird das verhindern wollen, wahrscheinlich den Atem anhalten – und damit auch das Gefühl – und vielleicht mit leiser, »niedlicher« und oft zu hoher Stimme fragen: »Papi, darf ich bitte eine Schokolade haben?«

Das Kind hat in solch einem Fall gelernt, dem ersten Impuls nicht mehr nachzugeben. Es kann sein, dass es auf diese neue, weniger ursprüngliche, sondern kontrolliertere Weise mehr Glück hat und bekommt, was es möchte. Es hat begriffen, wie es vor Maßregelungen geschützt bleibt und gleichzeitig etwas erreicht. Dieser Prozess vollzieht sich in der Regel unbewusst.

Solche Beispiele gibt es im Leben zuhauf – sie sind nicht nur im Elternhaus zu finden, sondern auch in anderen sozialen Zusammenhängen; mit Freunden, in Kindergarten und Schule. Diese Kommunikationserfahrungen können bewirken, dass sich die Stimme einschränkt. Manchen Frauen bleibt der kindliche Anteil ihrer Stimme so sehr erhalten, dass es ihnen schwer gelingt, sich aus diesem Muster zu befreien. Der Zugang zu den weiteren, z.B. kräftigeren Bereichen stimmlichen Ausdrucks scheint verloren. Bei manchen Männern äußern sich diese Einschränkungen durch brummige, zurückgenommene Stimmen.

Fehlleistungen der Stimme

Die Stimme verändert sich jedoch nicht nur mit dem Aufwachsen und durch kommunikative Erfahrungen; sie ist auch vielfältigen täglichen Belastungen ausgesetzt, die sich auf ihr Funktionieren negativ auswirken können. Die Stimme kann aus unterschiedlichen Gründen an Freiheit, Kraft und Umfang verlieren, etwa wenn dauerhaft zu viel Druck in Bauch-, Kehlkopf- und Sprechmuskulatur herrscht oder aber diese Körperregionen unterspannt sind. Die Stimme kann dann heiser klingen, brüchig, instabil oder knarrend, sie kann zu leise oder piepsig sein – um nur einen Bruchteil von möglichen häufig vorkommenden Einschränkungen zu nennen. Viele leben mit solchen Einschränkungen, ohne sich ihrer bewusst zu sein, weil sie es gewohnt sind.

Die Ursachen können in Krankheiten oder Verletzungen liegen, jedoch sind diese pathologischen Ursachen für Fehlleistungen der Stimme hier nicht gemeint. Deren Behandlung obliegt Fachkräften wie Ärzten, Logopäden oder Atem- und Stimmtherapeuten; dieses Buch kann bei solchen organisch bedingten Stimmstörungen keine Abhilfe leisten.

Hier sind Fehlleistungen von Stimmen gemeint, die »eigentlich« gesund sind, aber trotzdem nicht optimal funktionieren. Auch außerhalb pathologischer Ursachen können die Gründe dafür vielfältig sein. So kommt es beispielsweise vor, dass ungünstige Stimm- und Sprechmuster anderer Personen imitiert werden. Dies können für Kinder die Eltern oder Personen aus dem direkten sozialen Umfeld sein, aber auch Vorbilder aus den Medien, die gewissen Eigenarten oder Moden unterliegen (so sprechen wollen wie die Teletubbies o.ä.) und vorübergehend oder dauerhaft schlechten Einfluss auf die Stimme anderer nehmen.

Ein weiterer, sehr häufiger Grund dafür, dass die Stimme nicht optimal funktioniert, kann in ihrer Überbelastung durch den Beruf liegen. Hier sprechen wir von berufsbedingten Stimmstörungen (Dysphonien).

Berufliche Belastung

Viele Menschen in sprechenden Berufen sind einer hohen stimmlichen Belastung ausgesetzt, zum Beispiel Erzieherinnen oder Lehrende, Schauspieler, Sänger oder Mitarbeitende von Callcentern.

Bei diesen Menschen, denen stimmliche und sprecherische Höchstleitungen abgefordert werden, können funktionelle Störungen dann auftreten, wenn ihre Stimme von vornherein »klein« ist, oder wenn die entsprechende Stimm- und Sprechtechnik für diese Berufe fehlt.

Häufig wird beim Versuch, gegen große Geräuschpegel am Arbeitsplatz stimmlich anzukommen, zu viel Druck auf die Hals- und Kehlkopfmuskeln ausgeübt. Dadurch wird die Spannungsregulierung der Stimmlippen negativ beeinflusst, und es kann zur Fehlkoordination von Atem und Stimme kommen. Die Folgen können Heiserkeit, Rauheit oder Kraftlosigkeit sein – Symptome, die auf über- wie auf unterspannte Stimmlippen gleichermaßen folgen.

Damit die Stimme leistungsfähig bleibt, ist es für Menschen in Sprechberufen ratsam, ihrer Stimme die gleiche Aufmerksamkeit zu widmen wie Sportler ihrem Körper: sie zu pflegen und zu trainieren.

Viele der in diesem Buch vorgeschlagenen Übungen können bei den oben genannten Symptomen Abhilfe schaffen oder aber sie gar nicht erst auftreten lassen, also prophylaktisch wirken.

Psychische Belastung

Eine weitere Ursache stimmlicher Einschränkungen kann in körperlichen Blockaden liegen, welche die Atem- und Stimmfunktion mindern. Die Ursachen für diese Blockaden sind häufig unverarbeitete traumatische Erlebnisse, die körperliche Reaktionen nach sich ziehen, nämlich Verspannungen in und um die Gelenke sowie Verkürzungen von Sehnen, Bändern und Muskeln, die an den Knochen festgewachsen sind.[10] Sie kennen sicherlich die Redensart: »Das sitzt mir in den Knochen«, die besagt, dass unsere traumatischen Erlebnisse tief im Körper verwurzelt sind. In diesen Regionen befinden sich auch un-

10 Vgl. Rebecca Cuthbertson-Lane: Breath and the Science of Feeling, in: Jane Boston / Rena Cook: Breath in Action

sere Atmungsmuskeln, auf die sich die Beeinträchtigungen mit auswirken.

In der Regel sind uns traumatische Erlebnisse nicht bewusst, denn frühe Erfahrungen (bis zum sechsten/siebten Lebensjahr) sind im Stammhirn und dem limbischen System (auch »Gefühlshirn« genannt) gespeichert – also in den Regionen des Gehirns, die sich am frühesten entwickelt haben. Wir können durch Erzählungen oder Erinnerungen von der Traumatisierung wissen; die Erfahrung ist in diesem Fall auch in unserem Kortex, unserem Denkhirn, verankert. Jedoch hat das Wissen von Traumatisierungen meist keine oder nur wenig Besserung für das Empfinden zur Folge – eben weil die Traumen in den anderen, weniger zugängigen Hirnregionen gespeichert sind. Es gibt etliche Möglichkeiten therapeutischer Hilfen, eine davon ist die Atemtherapie.

Die Stimme teilt mit

Die Stimme bringt beim Sprechen unsere innere Verfassung, unsere Stimmung zu Tage; es gibt viele Wörter, die den Zusammenhang von Stimme und Stimmung benennen: *stimmig, gestimmt, stimmt, stimmen, abstimmen, einstimmen, übereinstimmen, bestimmen, zustimmen.*

Die Stimme enthüllt beim Sprechen nicht nur die Emotion, die den Worten zu Grunde liegt, sie offenbart auch das seelische Grundbefinden des Menschen – unabhängig von dem, was er gerade sagt. Wenn sich ein Mensch in einer traurigen Phase befindet, wirkt sich das auf viele Muskeln im Körper aus, so auch auf die Stimmmuskeln. Meist sind sie dann unterspannt, woraufhin die Stimme kraftlos und verhaucht klingt, sogar dann, wenn der Mensch über etwas Freudiges spricht. Dann kann eine Aussage wie »Ich habe meine Klausur bestanden« nicht nur mit Stolz oder Freude »bestimmt« sein, sondern auch mit einer gewissen Gleichgültigkeit, die aus dem momentanen depressiven Grundbefinden rührt.

Emotionale Befindlichkeiten lassen sich stimmlich nur schwer »in den Griff« bekommen – wir hören die Nervosität oder Angst anderer, weil der Körper auf diese Zustände unwillkürlich reagiert. Denken Sie beispielsweise daran, wie sich Menschen in Prüfungssituationen anhören können oder wie Erdbebenopfer in Interviews klingen – deren körperliche Anspannung wirkt sich direkt stimmlich aus.

Auch andere Stimmungen wie große Ausgelassenheit drängen nach außen und können sich manchmal in unpassenden Momenten ausdrücken, wie etwa eine Lachsalve während einer ernsthaften Besprechung im Kollegenkreis.

Es gehört zur Funktion der Stimm- und Sprechorgane, Empfindungen auszudrücken, auch wenn es für uns manchmal unangenehm oder sogar beschämend sein kann, durch unsere Stimme so offenbart zu werden.

Wie im Kapitel zur Atmung (»Atem kann schützen«, S. 35) beschrieben, kann das Anhalten des Atems die emotionale Verfassung blockieren und uns auch vorübergehend davor bewahren, erkannt zu werden. Viele Situationen erfordern dies: Wenn Sie beispielsweise im Anschluss an eine Trauerfeier einen Termin für ein Bewerbungsgespräch haben, werden Sie vermeiden wollen, dass Ihre Trauer hörbar wird.

Wir sind dazu in der Lage, unsere Stimme zu verstellen (allerdings meist nur, wenn wir uns in keiner akuten, extremen Lebenssituation befinden) und damit eine andere Emotion zu simulieren. Es kann uns nützen, Betroffenheit oder Freude vorzutäuschen; es kann uns schützen, wenn wir unsere wahren Gefühle verbergen. Wer uns nicht kennt, wird uns vielleicht hinter unserer Stimme auch nicht erkennen.

Wir können unsere Stimme absichtlich verhauchen, knarren, piepsen oder quietschen lassen. Diese Fähigkeit besitzen nur wir Menschen [11], und ein ganzer Kulturbereich unserer Gesellschaft baut auf diesem Vermögen auf: die Darstellende und die Sprechkunst.

11 Vgl. Tomasello: Die Ursprünge der menschlichen Kommunikation
Tomasello erwähnt aus seiner Forschung mit Menschenaffen, dass es diesen nicht gelinge, einen Laut zu produzieren, wenn kein entsprechender emotionaler Zustand vorhanden ist.

Übungen

Die »direkte« Stimme finden

Im Folgenden wird eine Übungsfolge aufgezeigt, die dazu verhelfen soll, die Stimme schrittweise von Fehlspannungen zu befreien. Die Basis dafür ist das Freisetzen des Atems, weshalb Sie die vorhergehenden Übungen zur Atmung möglichst verinnerlicht haben sollten.

Im zweiten Abschnitt werden Übungen beschrieben, die Ihre Stimme kräftigen und ihr zu mehr Variabilität verhelfen sollen.

Machen Sie sich bei den Stimmübungen möglichst frei von der Absicht, ein bestimmtes äußeres Klangergebnis zu erzielen; es kommt nicht auf einen »schönen« Stimmklang an, sondern darauf, dass Ihre Stimme authentisch und frei ist.

Im Schauspielunterricht ist oft die Rede davon, dass die Stimme »angebunden« sein soll, »direkt« oder »Körperanschluss« haben muss. Von »falschen Theatertönen« wird gesprochen, wenn die Stimme Stimmungen vortäuscht, die nicht empfunden/gedacht werden: Dann klingt die Stimme gekünstelt oder »falsch«.

Mit einer direkten Stimme ist solch eine gemeint, die in Verbindung mit dem Atem und dem »Gefühlzentrum« Solarplexus steht (»angebunden« an den Bauchraum), so dass die sprechende Person auch fühlt, was sie sagt.

Den »Körperanschluss« hat die Stimme, wenn sich der Stimmklang auch nach unten in den Brustraum ausbreitet.

Zum Üben sollten Sie für eine entsprechende Räumlichkeit sorgen, die Ihnen erlaubt, Ihre Stimme wirklich freizusetzen. Manchen Leuten ist es unangenehm, wenn man sie beim Üben hört, und manche Mitbewohner oder Nachbarn könnten sich ebenfalls gestört fühlen. Es wäre schade, wenn Sie sich deshalb zurückhalten müssten.

■ Freisetzen der Stimme

Nutzen Sie das Loslassen Ihres Atems für das Freisetzen der Stimme. Knüpfen Sie dabei an die im Kapitel »Atmung« (»Atem freisetzen auf ›*haa*‹«, S. 41) beschriebenen Übungsvorschläge an.

Legen Sie sich rücklings auf eine Matte oder einen weichen Teppich, dabei sind Ihre Muskeln entspannter als im Stehen. Zur Unterstützung des Nackens ist es ratsam, ein dickes Buch unter den Kopf zu legen. Warten Sie einen Moment, bis Ihr Atem ruhig fließt. Seufzen Sie jetzt mit einem Gefühl von Erleichterung oder Freude zunächst noch einmal Ihren Atem stimmlos aus: »*haaa*«.

Achten Sie darauf, dass der Atem bis zum Schluss aktiv ausströmt, ohne ihn absichtlich zu verlängern – dieser Atemstrom ist das Muster für die Stimmführung.

Legen Sie eine Hand auf Ihren Bauch, und wiederholen Sie den Seufzer: »*haaa*«.

Fühlen Sie, wie der Bauch unter Ihrer Hand vom Atem bewegt wird. Atmen Sie nicht aktiv ein – der Gedanke an Erleichterung bewirkt, dass der Körper sich automatisch einen größeren Atem nimmt und der Bauch sich in Folge zur Decke hebt.

Wenn es Ihnen gelingt, den Seufzer direkt loszulassen, wird der Bauch ungebremst in Richtung des Bodens »fallen«. Lassen Sie Schultern und Brust weitgehend unbeteiligt; der Fokus Ihrer Aufmerksamkeit liegt auf dem Zwerchfell.

■ Klang ausseufzen

Die Stimme erhält ihre Impulse aus dem (Atem)Zentrum. Verdeutlichen Sie sich diese Verbindung und stellen sich vor, die Stimme würde nicht im Kehlkopf, sondern im Zwerchfell entstehen und sich von da durch den Körper nach oben in den Mundraum ausbreiten.

Die Vorstellung, dass Stimmklang nicht in der Kehle entsteht, hilft auch dabei, dort zu viel Druck zu vermeiden.

Seufzen Sie im nächsten Schritt Stimmklang statt Atem aus, und überprüfen Sie, ob der Bauch ebenso reagiert wie zuvor – ob er in Richtung des Bodens fällt: »*haaa*«.

Lassen Sie sich Zeit zwischen den Seufzern, damit jedes Mal neue Luft einströmen kann.

Stellen Sie sich vor, der eingehende Atem verwandelte sich in dem Moment, da er Sie ganz erfüllt hat, in Stimmklang.

Schicken Sie Ihre Stimme aus sich heraus, »senden« Sie sie aktiv hoch zur Decke des Raumes: »*haaa*«.

Zwischenbemerkung: Den Ton halten

Für die meisten Übungen zum »Losseufzen der Stimme« gilt, dass Sie mit Ihrer Stimme eine kleine Weile auf gleicher Tonhöhe bleiben – nur so lange, wie Sie seufzen (damit Sie nicht in Gefahr kommen »nachzudrücken«). Auf einer Tonhöhe bleiben kann Sie an Singen erinnern, was aber nicht angestrebt ist: Sie sollten nicht auf ein schönes Klangergebnis zielen.

Das Verweilen auf einer Höhe entspricht dem Verlängern einer Aussage und aktiviert und vertieft somit den Impuls für den einfallenden Seufzer. Das hilft Ihnen, die Stimme schrittweise zu kräftigen, ohne nachzudrücken. Zum anderen verhelfen Tonhöhenänderungen zu mehr stimmlicher Vielfalt, zu größerer Modulationsfähigkeit.

Wechseln Sie daher die Tonhöhe nach jedem Seufzer ein klein wenig, und schicken Sie tiefere, mittlere und höhere Töne in den Raum. Gedanken an ein freudiges oder erstaunliches Erlebnis helfen dabei, dass sich der Klang aktiv und »gerichtet« anfühlt und auch anhört.

■ Klang ausseufzen und auf einer Tonhöhe bleiben

Wiederholen Sie die auf S. 61 beschriebene Übung, und seufzen Sie mehrmals auf unterschiedlichen Tonhöhen aus: »*haaa*«.

Die Übungssequenz verläuft in dieser Abfolge:

- Gedanke an Erleichterung / Erstaunen / Freude
- Wahrnehmen, wie entsprechender Atem einfällt
- Vorstellen, dass sich Atem im Zwerchfellraum in Klang verwandelt
- Stimme auf einer Tonhöhe ausseufzen: »*haaa*«
- Stimme gezielt zur Decke senden.

Es mag sein, dass Ihre Stimme anfangs ein wenig verhaucht klingt. Das passiert, wenn die Stimmlippen bei der Phonation (Stimmgebung) nicht die optimale Spannungseinstellung finden und Atem und Stimme sich vermischen. Versuchen Sie das zu vermeiden: Finden Sie die richtige Spannung, indem Sie mit Ihrer Stimme aktiv nach außen zielen, ohne dass die Kehlmuskeln nachdrücken. Kommen Sie schnell vom Hauchlaut »*h*« zum »*aaa*«. Das »*h*« soll dabei helfen, Ihren Atem freizusetzen und zu einem weichen Stimmeinsatz zu gelangen.

Denken Sie nicht an Stöhnen – denken Sie, wenn möglich, an Freude, an Erleichterung oder Staunen. Probieren Sie es noch einmal: »*haaa*«.

Das Loslassen der Stimme, also dieser Seufzer bei gleichzeitigem Verweilen auf einer Tonhöhe, ist die Basis für die meisten der weiteren Übungen.

Gähnen und sich räkeln

Gähnen weitet nicht nur den Mund- und Rachenraum, auch der Hals und der Bauchraum entspannen und weiten sich: Gähnen gehört zu den ursprünglichsten Übungen der Sprecherziehung.

Gähnen Sie oft und mit weit geöffnetem Mund, ohne dabei den Unterkiefer zu weit nach unten zu öffnen, denn das könnte sich ungünstig auf Ihre Kiefergelenke auswirken. Lassen Sie die Zunge dabei locker und entspannt im Mundboden ruhen, die Zungenspitze an den unteren Schneidezähnen.

Räkeln und strecken Sie sich beim Gähnen und lassen Ihre Stimme dabei grummeln, quietschen oder knarren – sie produziert intuitiv Laute.

Beckenuhr

Die Beckenuhr-Übung ist sowohl aus der Feldenkrais-Methode als auch aus der Yoga-Arbeit bekannt und lässt sich effektiv mit Stimmübungen verbinden. Sie dient dem »Körperanschluss« der Stimme ebenso wie ihrer Entspannung.

Legen Sie sich auf den Rücken, die Knie angewinkelt und die Füße flach auf den Boden aufgestellt. Stellen Sie sich vor, dass Ihr Kreuzbein der Mittelpunkt einer kleinen, runden Uhr ist, an dem die beiden Zeiger angebracht sind.

Während Sie Ihr Becken auf dem Boden liegen lassen, kippen Sie es leicht nach unten in Richtung Ihrer Füße – stellen Sie sich vor, dass Sie es »in Richtung sechs Uhr« kippen.

Bewegen Sie Ihr Becken jetzt nach oben in Richtung Ihres Kopfes, in Richtung »zwölf Uhr«.

Führen Sie die Bewegungen langsam aus, um sich der Veränderung Ihres Beckens und der entsprechenden Auswirkung auf die Wirbelsäule gewahr zu werden.

Kippen Sie Ihr Becken wie oben beschrieben runter und hoch, mit dem Gedanken auf: »Sechs zu zwölf, sechs zu zwölf«.

Beginnen Sie jetzt bei »zwölf Uhr« mit dem langsamen Kreisen Ihres Beckens, nach rechts (»drei Uhr«), langsam nach unten (»sechs Uhr«), nach links (»neun Uhr«) und zurück zur »Zwölf«.

Wiederholen Sie die Übung einige Male, und wechseln Sie dabei jedes Mal die Richtung.

Die Bewegung sollte möglichst von der inneren Bauch-/Beckenmuskulatur ausgeführt werden, die äußere Bauchmuskulatur und die

Po- und Beinmuskeln sollten unbeteiligt bleiben. Es ist hilfreich, das Becken mit Hilfe eines leichten Druckes Ihrer Fußsohlen gegen den Boden zu bewegen. Wenn ihnen das gelingt, werden die Knie beim Kreisen ein wenig in Richtung der Seiten »fallen«. Das Kreisen sollte geschmeidig und so rund wie möglich sein.

Seufzen Sie in entspannter Sprechstimmlage an Ihre Lippen, während Sie Ihr Becken von »sechs« zu »zwölf« kippen. Verweilen Sie auf gleicher Tonhöhe: *»hmmm«*.

Wiederholen Sie das mehrmals, und ändern Sie dabei die Tonhöhe. Lassen Sie jedes Mal neuen Atem einfallen

Kreisen Sie jetzt Ihr Becken, und variieren Sie jedes Mal die Tonhöhe: *»hmmm«*

Wechseln Sie die Richtung: *»hmmm«*.

Können Sie sich vorstellen, dass Ihre Stimme dort unten kreist? Hat sie eine neue Qualität, ist sie entspannter?

Lassen Sie Ihr Becken jetzt ruhen, und übertragen Sie Erforschtes in kurze Aussagen. Stellen Sie sich vor, die Worte kämen aus Ihrem Beckenraum, während Sie sprechen: *»Hm, aha. Ja, gut. Klar!«*

■ Knie schütteln

Bleiben Sie weiterhin auf dem Rücken liegen, die Füßen aufgestellt. Heben Sie Ihr rechtes Knie über Ihre Brust in Richtung des Kopfes, den Unterschenkel angewinkelt, so dass die Ferse nah an der Pobacke liegt. Umfassen Sie Ihr Knie mit Ihren Händen und ziehen es noch ein wenig weiter zur Brust, um den unteren Rücken vermehrt zu weiten.

Schütteln Sie Ihr Knie aus lockeren Handgelenken ein wenig in

Knie schütteln

Richtung Ihrer Brust. Sie bewegen damit den Oberschenkelknochen im Hüftgelenk. Seufzen Sie Atem aus, mit der Vorstellung verbunden, dass er seinen Anfang tief unten in der Hüftgelenkregion hat. Schütteln Sie Ihr Knie, und seufzen Sie gleichzeitig: »*haaa*«.

Wiederholen Sie die körperliche Bewegung, wenn Sie jetzt Klang statt Atem losschütteln: »*haaa*«.

Verweilen Sie dabei wieder auf einer Tonhöhe, und ändern Sie diese mit jedem erneuten Schütteln.

Wiederholen Sie diese Übung drei- bis viermal, und lassen Sie danach Ihren Fuß zu Boden fallen, so dass er wieder aufgestellt ist.

Heben Sie Ihr linkes Knie über Ihre Brust, und wiederholen Sie den Übungsablauf auf dieser Seite.

Konnten Sie wahrnehmen, dass Ihre Stimme unangestrengt und doch kraftvoll aus Ihrem Körper kommt – dass sie wie von alleine »geschieht«?

Stehen Sie langsam auf, räkeln Sie sich oder hüpfen ein wenig auf der Stelle, um Ihren Kreislauf wieder in Schwung zu bringen.

■ Kopfüber seufzen

Stehen Sie aufrecht, Ihre Fußspitzen nach vorn gerichtet, Ihre Füße hüftgelenksbreit auseinander gestellt. Lassen Sie Ihren Kopf nach vorne und Ihren Oberkörper in Richtung des Bodens fallen, bis Sie kopfüber nach unten hängen und Ihr Becken Ihr höchster Punkt ist. Nehmen Sie die Hände auf Ihren unteren Rücken, auf Ihre Flanken, und seufzen Sie die Stimme in Ihrer Vorstellung von dort los: »*haaa*« – bleiben Sie auf gleicher Tonhöhe.

Schauen Sie zwischen Ihren Knien hindurch auf einen Gegenstand hinter Ihnen. Stellen Sie sich vor, dass Ihre Stimme in Ihren Flanken beginnt und wie auf einer inneren Rutschbahn an der Wirbelsäule entlang in den Mund gleitet.

Seufzen Sie, sich diesen Weg denkend, hinüber zu dem Gegenstand: »*haaa*«.

Schütteln Sie während des Seufzens Ihren Kopf leicht von rechts nach links. Damit stellen Sie sicher, dass Ihre Hals- und Kehlkopfmuskeln keinen unnötigen Druck ausüben: »*haaa*«.

Durch die Kopfüberhaltung stimulieren Sie (wie im Kaptitel »Atem« beschrieben, S. 44) das vitale Kraftzentrum Ihrer Atmung. Weil die Bauchmuskeln in dieser Haltung meist völlig loslassen, kann die Stimme von der Flankenatmung profitieren. Dabei kann sie noch freier und gleichzeitig kräftiger werden. Ziel ist, dass sich ein Anteil davon im Stehen erhält.

■ Bauch schütteln

Stellen Sie sich hin, und imaginieren Sie jemanden, der Ihnen in einigen Metern Abstand gegenüber steht und zu dem Sie erleichtert oder freudig seufzen: »*haaa*« – verweilen Sie auf gleicher Tonhöhe.

Beim Stehen werden Sie die Bewegungen Ihres Bauches weitaus weniger spüren als im Liegen. Ihre äußere Bauchmuskulatur sollte weitgehend passiv sein, sie wird lediglich vom Zwerchfell und der inneren Bauchmuskulatur ein wenig mitbewegt.

Schütteln Sie während des Seufzens mit Ihren Händen Ihre Bauchdecke über dem Zwerchfell leicht in Richtung der Wirbelsäule nach hinten. Das wird helfen, die äußeren Bauchmuskeln noch mehr zu lösen und dadurch den Atmungsmuskeln vermehrten Freiraum zu schaffen.

Wenn dabei außerdem Ihre Kehle weitgehend locker bleiben kann, so wird sich das Bauchschütteln auf den Stimmklang übertragen – die Stimme wird mit »losgeschüttelt«: »*haaa*«.

Variieren Sie mit jedem neuen Seufzer die Tonhöhen.

Suchen Sie sich jetzt reale Ziele im Raum, zu denen Sie Ihre Aufmerksamkeit und damit Ihre Stimme schicken:

- »*haaa*« zu einem Bild
- »*haaa*« zu einem Buch
- »*haaa*« zur Uhr etc.

Vielleicht können Sie erfahren, dass Ihre Stimme Stimmungen trägt. Entsteht beim Seufzen zu den verschiedenen Gegenständen eine Art Aussage, die mit ihnen verknüpft ist? Hat das Bild eine Bedeutung für Sie, die sich entsprechend stimmlich äußert? Ändern Assoziationen oder Erinnerungen die »Aussage«, die Stimme ein wenig?

■ Lösen, sammeln, senden

Sammeln Sie im nächsten Schritt die Stimme nach dem Losschütteln hinter Ihren Lippen. Lassen Sie zu diesem Zweck Ihre Hände nur kurz den Bauch »anschütteln«, und fahren Sie gleich darauf mit Ihren Händen den gedachten Weg der Vibrationen über Ihren Brustkorb hinauf zu den Lippen. Legen Sie die Fingerkuppen leicht auf die Lippen, mit dem Bewusstsein darauf, dass Ihre Stimme jetzt »dahinter« ist: »*haa – mmm*« – bleiben Sie für die Länge des Seufzers auf gleicher Tonhöhe.

Wiederholen Sie die Übung mehrmals unter Veränderung der Tonhöhen.

Lösen Sie im Anschluss an das Schütteln und Sammeln Ihre Finger von Ihren Lippen, und zeigen Sie auf etwas im Raum, das Ihre Aufmerksamkeit erregt – als hätten Sie Ihre Stimme in Ihre Hände gegossen und schickten sie von dort durch den Raum auf ein Ziel.

»ha – mmm – aaa«:

- vom Bauch lösen
- an den Lippen sammeln
- zu einem Ziel senden.

Ändern Sie auch hier die Tonhöhen.

Wählen Sie unterschiedliche Ziele im Raum oder außerhalb des Fensters: Ihre Stimme wird sich in Intensität, Stimmung und Lautstärke anpassen.

Übertragen Sie nun die Übung in das Sprechen. Artikulieren Sie langsam mit dem Fokus auf dem gedachten Weg der Stimme: *»ha – mmm – aaa. Ach, ja. Wie wahr! Ja, das war einmal«* (o. ä.).

➲ Welche der Übungen zur Freisetzung der Stimme möchten Sie in Ihr Trainingsprogramm aufnehmen? Notieren Sie sich Ihr persönliches Lernziel und detaillierte Beobachtungen in Teil C unter »Stimmübungen – Freisetzung« (S. 145).

Lösen der Stimm- und Sprechorgane

Es gibt etliche Stellen im Mund und an den Lippen, durch deren gegenseitigen Kontakt während der Phonation Geräusche oder Laute entstehen: Ober- und Unterlippe, Zahndamm, harter und weicher Gaumen, hintere Zunge, vordere Zunge und Zungenränder. Außer dem Zahndamm und dem harten Gaumen bestehen alle Sprechorgane aus Muskeln, die beim Sprechen in schneller Folge eine sehr große Anzahl an Bewegungen ausführen. Damit das ungestört funktionieren kann, ist es notwendig, dass die Muskeln der Stimm- und Sprechorgane flexibel und frei von Fehlspannungen sind.

Die nachfolgenden Übungen sollen Ihr Bewusstsein für die einzelnen Artikulationsstellen vertiefen. Sie können die Übungen sitzend auf einem Stuhl durchführen, bei aufrechter Wirbelsäule.

■ Bewusstsein für die Lippen schaffen

Fahren Sie mit Ihrer Zunge am inneren, feuchten Teil Ihrer Oberlippe mehrmals langsam entlang, von einer Seite zur anderen, als wollte die Zungenspitze die Beschaffenheit der Oberlippe erforschen. Unternehmen Sie die gleiche Erforschung am Innenteil Ihrer Unterlippe. Wenn die Muskeln in den Lippen dabei entspannt bleiben, wird die Zunge jeweils die Form der Lippen verändern.

Kreisen Sie jetzt mehrmals mit Ihrer Zunge innen von Ober- zu Unterlippe, und wechseln Sie jedes Mal die Richtung.

Fahren Sie jetzt langsam mit Ihrer Zunge über den äußeren Teil Ihrer Oberlippe, von einem Mundwinkel zum anderen und wieder zurück. Fühlen Sie, wie die Oberlippe durch Ihre Zunge befeuchtet wird, und wiederholen Sie das Gleiche an Ihrer Unterlippe.

Kreisen Sie schließlich mit Ihrer Zunge von einem Mundwinkel über die Oberlippe zum anderen und über die Unterlippe zurück. Wechseln Sie die Richtung zwei- bis dreimal.

Achten Sie darauf, dass sich die Lippen dabei nicht nach innen stülpen, so als wollten sie der Zunge entgegenkommen; die Lippen sollen völlig spannungsfrei bleiben – was anfangs oft nicht ganz einfach ist.

Können Sie Ihre Lippen und die Zunge nach dieser Erforschung vermehrt spüren?

Pressen Sie jetzt die Lippen relativ fest aufeinander, so dass sie optisch verschwinden, und lassen Sie die Spannung nach einer Weile wieder los. Das fördert die Durchblutung der Lippen.

Grinsen Sie jetzt übertrieben breit, als wollten sich Ihre Mundwinkel bis zu den Ohren spannen, und halten Sie dieses Grinsen einen Moment. Üben Sie jetzt die gegenteilige Spannung aus, indem Sie Ihren Mund zu einem übertrieben spitzen Kussmund formen.

Wechseln Sie mehrmals von »Kussmund« zum »Grinsen«, spitz und breit, spitz und breit.

■ Lippenflattern

Lassen Sie jetzt Ihre Lippen flattern: Prusten Sie Atem durch Ihre Lippen, so wie Pferde schnauben: »*brrrrrrr*«.

Es hilft, wenn Sie vorher die Lippen befeuchten. Lassen Sie Ihre Lippen völlig entspannt vibrieren: »*brrrrrrrr*«.

Variieren Sie die Länge Ihres Atems: Einmal kann es ein langer Ausatemstrom sein, der die Lippen zum Flattern bringt: »*brrrrrrrrrrrrr*«. Mal sind es zwei bis drei kürzere hintereinander: »*brrr, brrr, brrr*«.

Seufzen Sie jetzt Stimmklang an die Lippen, und lassen Sie sie dabei gleichzeitig flattern. Das klingt wie bei kleinen Kindern, wenn sie ihr Spielzeugauto fahren lassen und das Motorgeräusch nachahmen: »*brrrrrrrr*«.

Lassen Sie das visualisierte Spielzeugauto mal schneller, mal langsamer fahren, Kurven beschreiben, abrupt stoppen etc. Lassen Sie jederzeit dazwischen Einatmen zu. Verweilen Sie beim nächsten Lippenflattern auf gleicher Tonhöhe: »*brrrrrrrr*«.

■ Lippenflattern und Summen

Lassen Sie beim nächsten Mal das Lippenflattern in ein Summen übergehen, während Sie die den Ton noch eine Weile hinter Ihren Lippen behalten, also: »*brrrrrrmmm*«.

Seufzen Sie noch drei bis viermal in je unterschiedlichen Tonhöhen.

Öffnen Sie schließlich am Ende Ihre Lippen leicht, so dass die Stimme in den Raum entweichen kann, zu einem bestimmten Ziel, also: »*brrrrrmm-aa*«.

Seufzen Sie auch in dieser Erweiterung der Übung noch drei bis viermal in je unterschiedlichen Tonhöhen zu verschiedenen Gegenständen.

Spüren Sie nach, wie sich Ihre Lippen jetzt anfühlen. Vielleicht kribbeln oder jucken sie ein wenig. Sie sind wahrscheinlich gut durchblutet, warm und flexibilisiert.

■ Nacken- und Kiefermuskulatur lösen

Viele Menschen leiden unter Verspannungen in der Nacken-, Schulter- und Kiefermuskulatur – sie sind deutliche Spiegel unserer Fehlhaltungen. Oft werden emotionale Belastungen durch »Zähnezusammenbeißen« zurückgehalten, was sich nachts in Zähneknirschen äußern kann. Die Stimme ist jedoch auch von der Durchlässigkeit dieser Räume abhängig. Die hier vorgeschlagenen Übungen sollen Fehlspannungen in diesen Muskelgruppen lösen.

Lassen Sie den Kopf nach vorn fallen und einen Moment dort hängen, so dass die Schwere des Kopfes den großen Rückenmuskel in die Länge zieht.

Wenn Sie jetzt Ihren Nacken drehen, so dass sich Ihr rechtes Ohr in Richtung der Decke anhebt (den Kopf dabei hängen lassen), so erreichen Sie eine weitere Dehnung. Drehen Sie Ihren Nacken in die andere Richtung, so dass sich Ihr linkes Ohr zur Decke hebt.

Lassen Sie den Kopf noch eine kleine Weile nach vorn hängen und richten Sie ihn dann langsam wieder auf.

Vielleicht können sich jetzt Rücken- und Nackenmuskeln schon mehr entspannen.

Massieren Sie mit Ihren Händen Ihre Kaumuskulatur. Sie befindet sich über dem Unterkiefer und hat meist weiter hinten, kurz vor den Ohren, die stärksten Verspannungen. Massieren Sie in kleinen kreisenden Bewegungen.

Der Kiefer schwingt beim Sprechen zwar mit, hat jedoch keine Artikulationsfunktion. Ein zu fester Kiefer hemmt Stimme und Sprechen.

Lassen Sie Ihren Unterkiefer »hängen«, und achten Sie darauf, dass immer Raum zwischen Ihren oberen und unteren Backenzähnen ist – ungeachtet dessen, ob Ihre Lippen geschlossen oder geöffnet sind.

Gähnen Sie häufig, das dehnt und entspannt die Kiefermuskulatur.

Bewusstsein für die Zunge schaffen

Ihre Zunge wurde durch die einführenden Übungen zu den Lippen bereits mit aktiviert, obwohl sie nicht im Fokus stand. Verwenden Sie jetzt ein wenig Zeit dafür, sich Ihrer Zunge bewusster zu werden.

Die Zunge besteht aus vielen einzelnen Muskelfasern und ist mit etlichen Nerven- und Blutgefäßen durchzogen. Die Zunge hat außer der Lautbildung noch viele weitere Funktionen wie Saugen, Schmecken, Schlucken und Tasten.

Ohne die Zunge ist es nicht möglich zu sprechen, denn sie bildet die meisten Laute. Auch auf die Phonation hat sie insofern Einfluss, als sie durch ihre Kontraktionen den Mund- und Rachenraum – und damit den Resonanzraum – verändern kann.

Der hintere Teil der Zunge, die Zungenwurzel, verläuft über den Rachen (oder Schlund) in die Kehle. Die Zungenwurzel ist weniger beweglich und dennoch für Stimme und Artikulation von großer Bedeutung, denn wenn sich die Zungenwurzel senkt, ist der Durchgang vom Rachen zum Mundraum weit. Sie kennen das sicherlich, dass ein Arzt mit einem Spatel die Zunge herunterdrückt und Sie bittet, »*ah*« zu sagen. Dadurch entsteht ein großer Raum, durch den er Zäpfchen und Rachenwände sehen kann.

Jedoch kann sich die Zungenwurzel verkrampfen, dicker werden und sich ein wenig in Richtung der Kehle zurückziehen. Das schmälert den Resonanzraum, und die Stimme klingt eng, gequetscht oder knödelig. Außerdem entsteht ein unangenehmes Gefühl von Enge, der berühmte »Kloß im Hals«. Das geschieht in vielen Fällen emotionaler Belastung.

Auf ihrem Grund ist die Zunge mit dem Zungenbändchen am Mundboden befestigt – so dass ihr vorderer und mittlerer Teil frei beweglich sind. Bei manchen Menschen befindet sich das Zungenbändchen zu weit vorn an der Zunge oder ist zu kurz, was deren Flexibilität und damit das Sprechen stört. In dem Fall sollte es vom Arzt durchtrennt werden.

Es kommt häufig vor, dass der Zungengrund zu viel Spannung hat – mit der Folge, dass vorderer und mittlerer Zungenteil nicht kräftig und flexibel genug sind. Das wiederum mindert die Artikulationsschärfe und die Sprechgeschwindigkeit.

Für die Arbeit an Stimme und Sprechen brauchen wir einen bewussten Zugang zu einigen Muskelpartien der Zunge und die Fähigkeit, diese gezielt zu bewegen: Dadurch kann die Zunge trainiert und flexibilisiert werden. Das klingt selbstverständlich, und doch ist es nicht leicht, die Zunge von Lippen und Kiefer zu isolieren – so wie sich bei ausgestreckter Hand auch nicht alle Finger gleich leicht einzeln voneinander wegspreizen lassen.

Durch die folgenden Übungen soll die Flexibilität der Zunge gefördert sowie die optimale Spannung erreicht werden. (Zungenmuskeltraining hilft übrigens auch gegen Schnarchen!). Es ist hilfreich, wenn Sie für die folgenden Übungen einen Spiegel benutzen und die Zunge betrachten.

■ Tablett und Dreieck

Strecken Sie Ihre Zunge weit heraus, so dass sie ganz aus der Kehle gezogen wird. Wenn Sie die Zunge weit nach unten in Richtung des Kinns strecken, so wird der Raum im Rachen eng. Da wir das nicht erreichen wollen, halten Sie die Zunge weitgehend waagerecht – als wäre sie ein Tablett, auf das Sie ein kleines Bonbon legen können, ohne dass es herunterfällt. Halten Sie Ihre Zunge eine Weile breit und waagerecht aus Ihrem Mund.

Sie wird anfangs wahrscheinlich zittern und möglicherweise Ihrem Vorhaben nicht folgen; üben Sie sich bitte in Geduld.

Lassen Sie die Zunge jetzt vorn ganz schmal werden, so dass sie ein langgezogenes Dreieck bildet.

Zunge als Tablett

Dann lassen Sie Ihre Zunge, immer noch weit aus Ihrem Mund gezogen, vorn wieder breit werden. Lassen Sie sie im Wechsel schmal und breit werden – das trainiert, spannt und entspannt sie.

Schlucken Sie dazwischen jedes Mal, wenn Sie es brauchen, und wiederholen Sie die Übung mehrmals.

Es kann sein, dass sich beim Trainieren der Zunge Lippen und Kiefer mitbewegen – versuchen Sie das zu vermeiden: Die Zunge soll isoliert trainiert werden, denn die »Mithilfe« der umliegenden Muskeln ist kompensatorisch und schmälert die Effektivität.

■ Zunge vor- und zurückbewegen

Öffnen Sie Ihren Mund so weit, dass Ihr Daumen zwischen Ihren Zähnen reichlich Platz hätte, und halten Sie diese Öffnung während der nächsten Zungenübung.

Tippen Sie mit Ihrer Zungenspitze auf die Mitte Ihrer Oberlippe, und betrachten Sie die Unterseite der Zunge im Spiegel. Jetzt, bei gleich gehaltener Mundöffnung, führen Sie die Zungenspitze langsam in den Mundraum hinein, über Ihre oberen Schneidezähne, den Zahndamm, den Gaumen, so weit nach hinten wie möglich. Jetzt werden Sie den

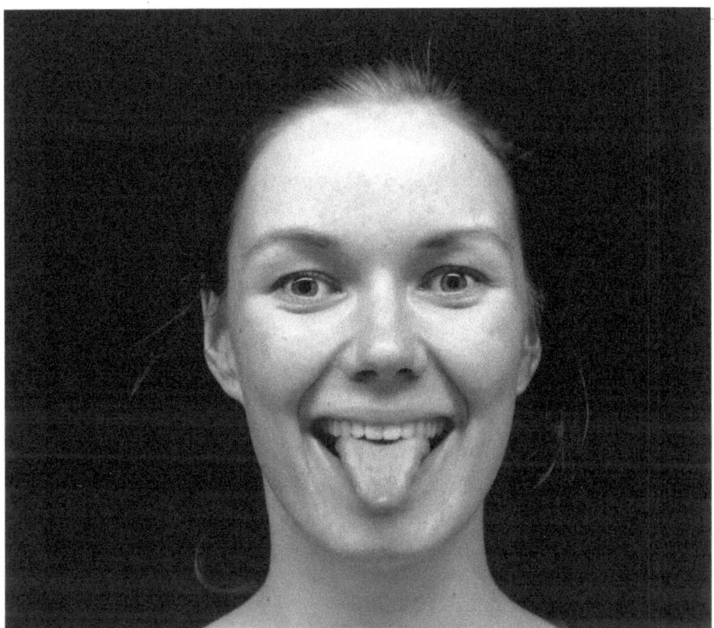

Zunge als Dreieck

Zungengrund mit dem Zungenbändchen sehen, das ein wenig gedehnt wird. Fahren Sie zurück zur Oberlippe, und wiederholen Sie das Vor- und Zurückbewegen der Zunge einige Male.

Achten Sie auch hierbei darauf, dass einzig die Zunge aktiv ist – was möglicherweise nicht ganz einfach ist. Auch diese Übung zielt auf die Fähigkeit, die Zunge isoliert zu bewegen und zu flexibilisieren.

■ Zunge in die Wangen drücken

Die nächste Übung trainiert die Beweglichkeit und Kraft Ihrer Zunge.

Öffnen Sie Ihren Mund wieder in oben beschriebener Weite, und drücken Sie Ihre Zungenspitze fest in Ihre linke Wange, nahe am Mundwinkel. Wenn Sie in den Spiegel schauen, werden Sie sehen, dass sich Ihre Wange ausbeult, als hätten Sie dort ein dickes Bonbon versteckt. Lassen Sie die Spannung wieder los, die Wange gerät in ihre Ursprungsform, und drücken Sie dann wieder die »Bonbonbeule« heraus. Machen Sie diese Bewegung mindestens fünf bis achtmal hintereinander, bevor Sie den Mund schließen und die Zunge entspannen.

Wie fühlt sich die Zunge nun an? Ist eine Seite präsenter als die andere, vielleicht die rechte? Ist Ihnen die Spitze bewusster?

Wiederholen Sie die Übung, und drücken Sie die Zunge in die andere, in die rechte Wange.

Vergleichen Sie am Ende, ob sich die Zunge anders als vor der Übung anfühlt und wie sich die Wahrnehmung für Ihren Mundraum verändert hat.

Hinweis: Überanstrengen Sie Ihre Zunge bei diesen Übungen bitte nicht – man kann auch dort eine Art »Muskelkater« bekommen.

■ Stimmklang und Zunge

Probieren Sie in der abschließenden Übung aus, ob sich Ihr Gespür für die Zunge schon ein wenig erhöht hat und ob sie Ihrer Vorstellung folgt: Sie soll in dieser Übung während der Phonation ruhig und entspannt bleiben.

Nehmen Sie erneut den Spiegel zur Hilfe, und öffnen Sie den Mund etwas weiter als bei den vorigen Übungen, so weit, dass Sie Ihren Rachen sehen können. Strecken Sie die Zunge so weit heraus, dass sie sich ganz bequem auf die Unterlippe ablegt und sie vollständig bedeckt. Sie sollte breit und spannungsfrei sein und bei der Übung genauso liegen bleiben.

Seufzen Sie jetzt mit einem Gefühl von Erleichterung, in Ihrer Vorstellung aus der Mitte des Körpers, nach draußen: »*haaa*« – bleiben Sie für die Dauer des Seufzers auf gleicher Tonhöhe.

Achten Sie darauf, dass Ihre Zunge sich dabei möglichst nicht verändert und liegen bleibt. Es kann sein, dass sie zuckt; versuchen Sie das zu vermeiden, und probieren Sie es erneut auf verschiedenen Tonhöhen aus: »*haaa*«.

Die Zunge hat bei dem A-Laut fast keine Funktion, der vordere Teil sollte völlig unbewegt bleiben.

Lassen Sie sich nicht entmutigen, wenn Ihre Zunge weiterhin aktiv ist – es kann lange dauern, bis Sie sie »unter Kontrolle« haben. Das Trainieren wird sie auf Dauer in die richtige Spannung wie auch in die völlige Entspannung bringen.

Das Gaumensegel

Das Gaumensegel, auch »Velum« oder »weicher Gaumen« genannt, spannt sich im Munddach als Fortsetzung des harten Gaumens ganz hinten über die Zungenwurzel und geht in das Zäpfchen *(uvula)* über. Das Zäpfchen ist ein Anhängsel des Gaumensegels und kann sehr unterschiedlich lang sein. Das Velum ist zusammen mit der Zunge auch für das Schlucken notwendig.

Benutzen Sie den Spiegel, öffnen Sie Ihren Mund weit, und legen Sie Ihre Zunge im Mundboden ab, die Zungenspitze an den unteren Schneidezähnen. Betrachten Sie jetzt Ihr Gaumensegel.

Rechts und links vom Zäpfchen kann man, ein wenig hinter dem weichen Gaumen in Richtung des Rachens, zwei Schleimhautfalten sehen, die am Velum festgewachsen sind – die Gaumenbögen. Wie zwei hintereinander gelegene Torbögen geben sie Einlass in die Kehle.

Das Gaumensegel besteht aus Muskelpartien, die unwillkürlich gesteuert werden. Es ist für die Feinabstimmung der Tonhöhen von Bedeutung und macht das Sprechen lebendig. In der Regel hebt, senkt und weitet sich das Gaumensegel während des Sprechens unaufhörlich ein klein wenig. Außerdem ist es für die Lautbildung nötig.

Wenn das Velum unterspannt ist, »hängt« es. Das verkleinert den Durchgang in beide Richtungen, vom Mund zu Luft- und Speiseröhre und von der Luftröhre und dem Rachen in den Mund. Ein schlaffes Velum bewirkt, dass weniger Klang in den vorderen Mundraum ge-

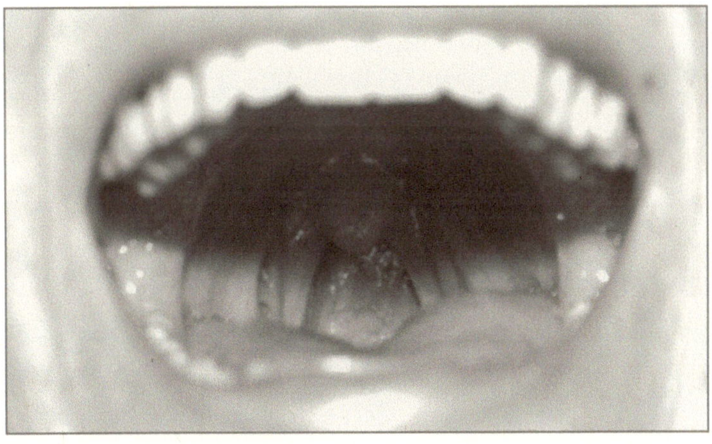

Gaumensegel und Gaumenbögen

langt und ein großer Teil in die Nase umgelenkt wird oder in der Kehle verklingt; die Stimme hört sich in dem Fall dumpf und nasal an. Im anderen Fall kann das Gaumensegel zu ungelenk, steif sein und sich beim Sprechen zu wenig bewegen. Dann klingt die Stimme monoton, eng oder scharf.

Auch wenn das Gaumensegel autonom funktioniert, können wir es dennoch aktiv beeinflussen: Schauen Sie mit weit geöffnetem Mund in den Spiegel, und denken Sie daran zu gähnen, ohne es zu tun (weil sich sonst auch die Zungenwurzel heben würde und Sie nichts mehr sehen könnten). Sie werden feststellen, dass sich das Zäpfchen nach oben hebt - manchmal kann es sich ganz in sich zurückziehen und nicht mehr sichtbar sein. Die nächsten Übungen dienen der Flexibilisierung des Gaumensegels mit dem Ziel, dass das Klangbild der Stimme variabel ist - entsprechend der unterschiedlichen Gedanken und Emotionen, die durch die Stimme ausgedrückt werden.

■ Gaumensegel und Zungenwurzel trainieren

Schauen Sie in den Spiegel, und öffnen Sie Ihren Mund so weit, dass Sie Ihren Rachen sehen können - Sie müssen den Kopf ein wenig nach hinten legen.

Heben Sie gleichzeitig Ihre Wangen nach oben, so dass Ihre oberen Schneidezähne sichtbar werden, als würden Sie grinsen. Das weitet zum einen Ihr Gaumensegel ein wenig, zum anderen erleichtert das die Sicht in den Rachen.

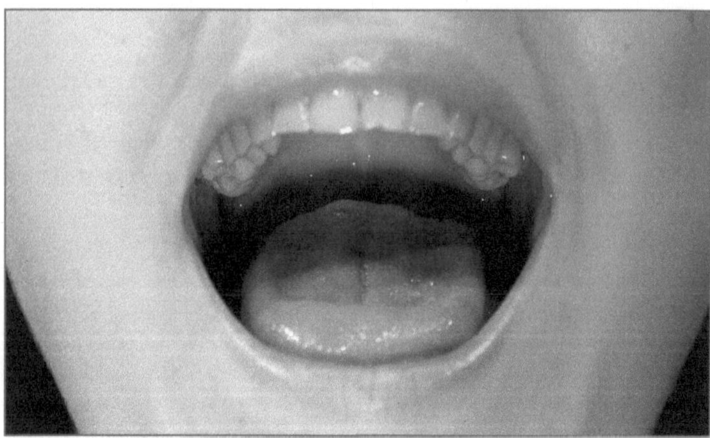

Zungenwurzel gewölbt

Denken Sie an den Laut »*ng*« (wie bei dem Wort »Engel« oder »eng«), und lassen Sie Zunge und Velum aktiv werden: Die hintere Zunge wird sich nach oben in Richtung des Gaumensegels wölben, und vielleicht sehen Sie, dass sich das Velum auch bewegt und sich zur Zunge senkt – beide kommen sich entgegen. Bilden Sie jetzt den Laut stimmhaft: »*ng*« (»eng«).

Der Mundraum ist für den Laut verschlossen, so dass der Klang nasal ist: »*ng*«.

Seufzen Sie Ihre Stimme los, so dass ein längerer Stimmlautklang auf einer Tonhöhe entsteht: »*ngngngngngng*«. (Behalten Sie weiterhin das »Grinsen«)

Denken Sie während des Stimmlautklangs jetzt an den Laut »*a*«: Ihre Zunge wird sich plötzlich senken, Ihr Gaumensegel sich gleichzeitig heben, so dass Sie die Gaumenbögen und die Rachenwand sehen können: »*ngngngngng – aa*«.

Achten Sie darauf, dass sich beide Artikulationsorgane, Hinterzunge und Velum, beim »*aa*« weit möglichst voneinander wegbewegen, so dass ein großes »Loch« entsteht. Die Zungenspitze ist an den unteren Schneidezähnen, die Zunge sollte sich abgeflacht in den Mundboden zurücklegen, das Gaumensegel sich so weit nach oben ziehen, dass das Zäpfchen für einen Moment verschwindet.

Wiederholen Sie das mehrfach: »*ngngngngng – aa*«.

Und dann auf einen Atem zweimal hintereinander: »*ngngngngng – aa, ngngngngng – aa*«.

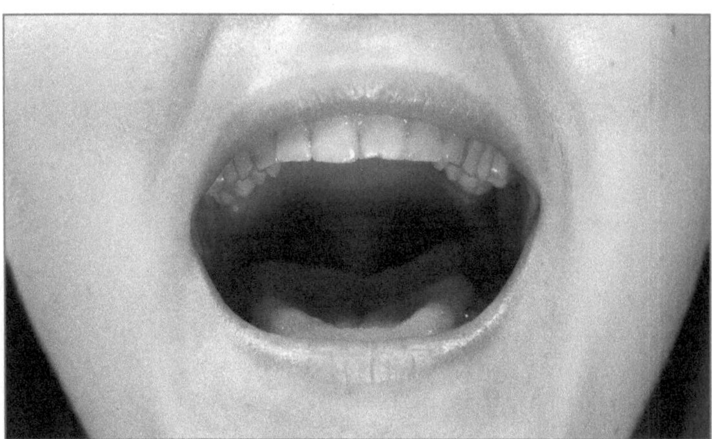

Zungenwurzel abgelegt

Ein wichtiger Hinweis: Der Unterkiefer sollte sich beim *»aa«* nicht mit nach unten bewegen – was zumeist geschieht –, denn dadurch kompensiert die Kiefermuskulatur die Lautbildung. Das gehört nicht zu ihrer Funktion, und die beiden dafür vorgesehenen Artikulatoren werden passiver.

Auf die oben beschriebene Weise heben und senken sich Gaumensegel und Hinterzunge relativ sanft voneinander weg und aufeinander zu.

Noch mehr Spannkraft erhalten Sie, wenn Sie einen anderen Laut bilden, ein *»g«*. Formulieren Sie: *»g-aa«* – verweilen Sie bei *»aa«* auf der Tonhöhe.

Der vermehrte Atemdruck des Lautes *»g«* sprengt Velum und Hinterzunge auseinander. Sprechen Sie jetzt: *»g-aa«, »g-aa«.*

Und dann mehrmals hintereinander auf einen Atem: *»ga-ga-ga-ga-gaa«.*

Jedes Mal sollten sich die beiden Artikulationsorgane beim *»a«* weit voneinander weg bewegen.

Ein noch direkterer Atemdruck sprengt Zunge und Velum auseinander, wenn Sie den Laut *»k«* bilden. Schauen Sie weiterhin in den Spiegel, während Sie sprechen: *»k-aa, k-aa«*

Und dann auf einen Atem: *»ka-ka-ka-ka-kaa«.*

Wenn Ihnen die Übungen nach einer Weile geläufiger sind, dann erhöhen Sie Ihre »Trainingseinheit«, und bilden Sie alle drei Laute in einer Folge hintereinander: *»nga, ga, ka«.*

➲ Welche der Übungen zur Flexibilisierung der Artikulationsorgane möchten Sie in Ihr Trainingsprogramm aufnehmen? Notieren Sie sich Ihr persönliches Lernziel und detaillierte Beobachtungen in Teil C unter »Lösen der Stimm- und Sprechorgane« (S. 146).

Resonanz – Vermehren der Stimme

Als Resonanzräume werden Hohlräume im Körper bezeichnet, die Luftmoleküle enthalten. Diese Moleküle schwingen in einer eigenen Frequenz, und sie werden vom Stimmlippenton zum Mitschwingen angeregt, wenn dieser das gleiche Frequenzspektrum hat. Durch das Mitschwingen entsteht Resonanz; der Klang wird verstärkt, die Stimme breitet sich aus und erhält Volumen.

Je nach Form und Größe der Resonatoren werden bestimmte Frequenzspektren gedämpft oder verstärkt, dadurch prägen sich das typisch persönliche Klangspektrum sowie auch die Vokale. Die tiefsten Töne finden innerhalb und unterhalb des Rachen- und Mundraumes Widerhall, die höchsten vor allem im Nasenbereich und im Schädel.

Da sich Schallwellen in Form von Vibrationen über die Knochen im Körper ausbreiten, sind sie tastbar – auch im Brustraum, obwohl dieser kein eigentlicher Hohlkörper ist.

Kristin Linklater beschreibt, dass sich Vibrationen über die Knorpel und Knochen in den gesamten Körper ausbreiten.[12] Wenn Sie auf einem Holzstuhl sitzen, Ihre Unterarme auf die Lehnen ablegen und mit tiefem Ton entspannt summen, können Sie wahrscheinlich die Stimmvibrationen an Ihren Armknochen fühlen.

■ Ausbreiten der Stimme im Kopf

Der Schädel ist durch seine knochige Struktur und seine zahlreichen Resonanzräume ein idealer Klangkörper: Die Vielfältigkeit und Beschaffenheit der unterschiedlichen Räume in der Gesichtsmitte geben der Stimme resonatorische Differenziertheit, Helligkeit und Brillanz.

Probieren Sie aus, ob Sie fühlen können, wie sich Ihre Stimme in Form von Vibrationen im Kopf ausbreitet.

Summen Sie in mittlerer Tonhöhe an Ihre Lippen, und verweilen Sie ein wenig auf der Tonhöhe. Nehmen Sie dabei an den Fingerkuppen, die Sie auf Ihre Lippen legen, die Vibrationen wahr: »*hmmmm*«. (Der Hauchlaut »*h*« vor dem »*m*« soll sichern, dass Ihr Atem loslässt.)

Legen Sie Ihre Finger nur leicht auf Ihre Lippen, denn zu viel Druck (oder Muskelspannung) verhindert Resonanz!

Sollten Sie keine oder nur wenig Vibrationen an den Lippen fühlen, so ändern Sie die Tonhöhe leicht nach oben (oder unten). Finden Sie die Tonhöhe, in der Sie die meisten Vibrationen fühlen: »*hmmmm*«.

Summen Sie erneut an Ihre Lippen, in leicht erhöhter Tonhöhe, und fühlen Sie mit Ihren Fingerkuppen nach, ob Sie Vibrationen auf Ihrer Nase fühlen können: »*hmmm*«.

Summen Sie wieder, und versuchen Sie Ihre Stimmvibrationen an Ihren Wangenknochen zu ertasten: »*hmmmm*«.

Wählen Sie einen etwas höheren Ton, und verweilen Sie wieder

12 Vgl. Linklater

einen Moment auf dieser Höhe. Probieren Sie mit diesem Mal aus, Vibrationen auf Ihrer Stirn zu ertasten: »*hmmmm*«.

Fühlen Sie beim nächsten, etwas tieferen Summen, ob Sie Vibrationen an Ihrem Kiefer spüren können. Seufzen Sie: »*hmmmm*«.

Summen Sie abschließend in mittlerer Klanghöhe, und legen Sie Ihre Hände über Ihr ganzes Gesicht, wobei Nase und Mund frei bleiben sollen: »*hmmmm*«.

Spüren Sie Vibrationen in Ihrem gesamten Gesicht? Natürlich breiten sich die Vibrationen auch seitlich und nach hinten in den Schädel aus – auch dort können Sie Ihre Stimme fühlen. Hier wird deshalb der Gesichtraum fokussiert, weil die Sprechstimme in der Regel nach vorn gesendet wird. Dennoch ist es hilfreich, den Partner aus einem inneren Raum heraus erreichen zu wollen, nicht nur von einer Fassade aus.

■ Mundresonanz

Das Frequenzspektrum im Mundbereich gehört zum tieferen Teil des individuellen Sprechstimmumfangs.

Summen Sie in einer für Sie entspannten, etwas tieferen Lage an den feuchten Teil Ihrer Lippen – mehr in die Mitte als an den Rand der Lippen: »*hmmmm*«.

Verbinden Sie das Summen mit einem Gedanken an ein gutes Essen und stellen sich vor, es zu schmecken. Summen Sie an Ihre Lippen, und denken Sie beispielsweise an Vanilleeis, an Pizza, Himbeerkuchen, an Obstsalat aus Bananen und Äpfeln, an einen guten Tropfen Rotwein, an Tomatensalat – an etwas, das Ihnen gut schmeckt, was auch immer Ihnen in den Sinn kommt: »*hmmmm*«.

Konkretisieren Sie Ihre Vorstellung, um sinnleeren Übungen möglichst vorzubeugen – die Stimme folgt dem Gedanken und der Emotion, wie ausführlich beschrieben.

»Sehen« und »schmecken« Sie jede neue Köstlichkeit, und lassen Sie sich Zeit, bevor Sie an die nächste denken: »*hmmmm*«.

Folgen Sie dem Ausdruck »sich die Lippen nach etwas lecken«, und bewegen Sie Ihre Lippen jetzt bei jeder Vorstellung ein wenig hin und her. Lassen Sie auch Ihre Zunge aktiv werden und leicht zwischen die Lippen kommen: »*hmmmm*«.

Stellen Sie sich vor, etwas Bestimmtes zu kauen, und nehmen Sie wahr, wie Sie bei den Kaubewegungen Ihre Stimme »kauen und knautschen«: »*hmmmm*«.

Lassen Sie nach dem Schmecken und Kauen die Lippen auf »*a*« auseinander fallen; weiterhin unter Wahrnehmung des Resonanzspektrums im Mundbereich. Sprechen Sie: »*hmmmm-aa*«.

Ist das »*a*« im vorderen Mundraum spürbar?

Sprechen Sie mehrmals hintereinander: »*mm-a, mm-a, mm-a*«.

Übertragen Sie die Übung in kurze Aussagen, unter Beachtung Ihrer Mundresonanz: »*Mm, ah! Ach, ja! Wie wahr. Das schmeckt. Das ist gut!*« etc.

Je mehr es Ihnen gelingt, Ihren Atem loszulassen, und je entspannter die Lippen sind, desto mehr wird sich Ihre Stimme in der Mund- und Lippenregion ausbreiten.

■ Maske

Über dem Mundraum, in Höhe der Nase und der Wangenknochen befindet sich die sogenannte Maskenresonanz. Dieser Frequenzbereich bildet den mittleren Teil der Sprechstimme.

Probieren Sie aus, ob Sie die Nasenresonanz und ihre Ausbreitung in die Nebenhöhlen und Wangenknochen spüren können. Sprechen Sie den Laut »*n*«, und halten Sie dabei ein Nasenloch zu. Sie sollten die Vibrationen Ihrer Stimme vermehrt im anderen Nasenloch wahrnehmen. Sollte das nicht so sein, so variieren Sie Ihre Tonhöhe – »suchen« Sie Ihre Maskenresonanz.[13]

Wechseln Sie die Seite.

Sprechen Sie jetzt ein »*n*«, (die Zunge ist entspannt, nur die Spitze bildet den Laut) ohne Verschließen der Nasenlöcher, und verlängern Sie die den Laut: »*hnnn*«.

Summen Sie nun in Ihrer mittleren Sprechstimmlage in den Nasenraum, und verweilen Sie eine Weile auf dieser Tonhöhe: »*hnnnnnnn*«.

Variieren Sie die Tonhöhen leicht, und probieren Sie aus, wann Sie am meisten Vibrationen in und um die Nase herum wahrnehmen.

■ Finden der mittleren Sprechstimme durch Vokale

Vokale werden durch Formveränderungen in der Kehle, im Mundraum und in der Zunge sowie des weichen Gaumens gebildet. Spüren Sie dieser Formung nach, und seufzen Sie Ihren Atem dabei in Ihren vorderen Mundraum.

Flüstern Sie auf aktiv freigesetztem Atem: »*a, o, u*«.

---

13 Vgl. Linklater

Und auf neuem Atem: »*e, i, ö, ü, ei*«.

Flüstern Sie jetzt hintereinander nur die »hellen« Laute: »*a, e, i*«.

Können Sie über Ihr Atemgeräusch hören, wie die Laute heller, höher werden, vom Mundraum weiter nach oben in Richtung der Augen zu kommen scheinen?[14]

»*A*« ist ein »Mittellaut« – er zählt zu den dunkelsten der hellen Laute und zu den hellsten der dunklen. Er ist ein guter Ausgangspunkt in die oberen, wie auch in die unteren Räume.

Flüstern Sie die Vokale erneut, dieses Mal mit dem nasalen Laut »*n*« davor: »*na, ne, ni*«.

Und sprechen Sie dann die Folge: »*na, ne, ni*«.

Probieren Sie differenzierter aus, wohin sich die Stimme ausbreitet, wenn Sie auf »*e*« (wie »ewig«) lösen: »*nnn-e*«.

Ist das »*e*« am Munddach und leicht oberhalb des Mundes spürbar?

Sprechen Sie mehrmals hintereinander: »*nnn-e, nnn-e, nnn-e*« – so als wollten Sie umgangssprachlich jemanden tadeln.

Probieren Sie, wo der Laut »*i*« Raum findet. Sprechen Sie: »*nnn-i*«.

Und mehrmals hintereinander: »*nnn-i, nnn-i, nnn-i*« – so als würden Sie entschieden verneinen, etwas jemals zu tun (»nie«).

Ist der Klang vorwiegend in der und um die Nase spürbar?

Stellen Sie sich vor, Sie selbst würden in Miniaturausgabe auf einer kleinen Leiter hinter Ihrem Gesicht drei Sprossen nach oben steigen. Flüstern Sie langsam: »*na, ne, ni*«.

Sprechen Sie jetzt die gleiche Folge in aufsteigender Tonhöhe, ohne in das Kopfregister zu kommen. »Klettern« Sie hoch: »*na, ne, ni*«.

Übertragen Sie die Übungen in kurze Aussagen, mit der Vorstellung davon, dass Sie aus Ihrer Gesichtsmitte sprechen: »*Wie nett! Ich kann mit? Wie toll! Das geht gut. Ich mache mit*« etc.

Sprechen Sie mit dem Fokus auf diesem Stimmfrequenzbereich einen Abzählreim, ein Gedicht oder einige Liedzeilen, die Ihnen in den Sinn kommen.

---

14 Allein dadurch, dass »*e*« und »*i*« im vorderen Mundraum gebildet werden, klingt die Stimme meist höher. Laute können zwar grundsätzlich in allen Resonanzräumen widerhallen (ein »*i*« kann in entsprechender Stimmung und bei entsprechendem Aussagewillen ebenso im »Brustton« gesprochen werden), jedoch kommentieren schon ihre Bezeichnungen »hell« und »dunkel«, dass sie sich mustergültig eher im Kopf- oder Brustbereich ausbreiten.

Wie fühlt sich der Text in dieser Stimmlage an? Hat er eine große Präsenz, ist er lebendig – »sendet« er sich leicht?

Gleittöne, »Glissandi«

Nachdem Sie jetzt die untere (Mundresonanz) und mittlere (auch teils obere) Sprechstimme erforscht haben, probieren Sie in der Gleitton-Übung aus, wie Ihre Stimme durch Ihren Kopf »rutschen« kann. Stellen Sie sich vor, dass sie mit hohem Ton hinter Ihrer Stirn anfängt und bis in den Mundraum hinunter gleitet – »unterwegs« wird sie ganz langsam tiefer: »*hmmmmmmmmmm*«.

Versuchen Sie sich sowohl vorzustellen wie auch zu empfinden, wo genau sich Ihre Stimme befindet: hinter der Stirn, in Höhe der Augen, unterhalb der Augen, auf den Wangenknochen, in der Nase, zwischen Nasenlöchern und Oberlippe, im Mund.

Nehmen Sie unterstützend Ihre Hände zu Hilfe, und fahren Sie mit Ihren Fingerspitzen auf Ihrem Gesicht entlang, dem Weg der Stimmvibrationen folgend: »*hmmmmmmmmmmm*«.

Es kann vorkommen, dass Sie manche Ihrer Resonanzräume »überspringen«, denn manchmal werden die höheren Stimmlagen im Erwachsenenalter nicht genutzt, so dass sie uns unbekannter geworden sind (am häufigsten Männern). Lassen Sie sich, wenn dies der Fall sein sollte, zur Wahrnehmung einzelner Räume mehr Zeit; gleiten Sie mit Ihrer Stimme beispielsweise sehr langsam von der Nasenwurzel weiter über den Nasenrücken hinunter zu den Nasenflügeln. Lassen Sie Ihre Finger rechts und links der Nase mit nach unten gleiten, und nutzen Sie Ihre Vorstellungskraft dafür, die Klangräume zu »sehen« und zu fühlen. Sollte es Ihnen gelingen, geschmeidig von Ihren höchsten Tönen bis zur unteren Sprechstimmlage zu gelangen, so ist das optimal.

Ausbreiten der Stimme in den Brustraum

Prüfen Sie, ob Sie Stimmvibrationen im Brustbereich erfühlen können. Setzen Sie sich mit aufgerichteter Wirbelsäule auf einen Stuhl, und seufzen Sie in Ihrer tiefsten Stimmlage, ohne die Stimme tiefer zu gestalten, als sie ist – legen Sie dabei Ihre Hände auf die vorderen Rippen unterhalb des Schlüsselbeines: »*haaa*«.

Wichtig ist, dass Sie völlig entspannen und den Atem loslassen, da sich ansonsten die Stimme nicht genügend ausbreiten kann. Unterstützen Sie das Loslassen des Atems, indem Sie Wohlbefinden ausseufzen: »*haaa*«.

Klopfen Sie während des Seufzens mit Ihren Fäusten den Brustbereich ab (so wie Tarzan). Das kann zur Vermehrung von Vibrationen beitragen: *»haaa«*.

Sie können die Brustresonanz auch fühlen, indem Sie ein *»r«* im Rachen-Zäpfchenbereich bilden – so als würden Sie bei tiefer Stimmgebung gurgeln. Lassen Sie dabei die Zungenspitze an den unteren Schneidezähnen ruhen: *»rrrrrrr«*.

■ Finden der unteren Sprechstimme durch Vokale

Der Brustresonanzraum lässt sich ebenfalls durch die Bildung von Vokalen verdeutlichen, über die Laute *»a«*, *»o«* und *»u«*. Flüstern Sie hintereinander: *»a, o, u«*.

Können Sie über Ihr Atemgeräusch hören, wie die Laute »dunkler«, tiefer werden?

Flüstern Sie die Folge erneut, dieses Mal mit dem Zahn-Lippenlaut *»w«* vor jedem Vokal: *»wa, wo, wu«*.

Und sprechen Sie dann die Folge laut: *»wa, wo ,wu«*.

Probieren Sie differenzierter aus, wohin sich Ihre Stimme ausbreitet – zielen Sie auf den Raum Kehle/Schlüsselbein, wenn Sie auf *»o«* lösen. Legen Sie eine Hand dorthin (vorsichtig, denn die Kehle reagiert empfindlich auf Druck): *»www-o« oder »rrr-o«*

Die Zungenspitze ist dabei an den unteren Schneidezähnen, die Zunge bleibt ruhig liegen. Sprechen Sie hintereinander: *»www-o – wohlwollend«*, *»rrr-o – rot«*.

Spüren Sie Vibrationen sich von der Kehle zum Schlüsselbein ausbreiten?

Probieren Sie mit der Bildung des Lautes *»u«* einen noch tieferen Raum zu erreichen – unterhalb des Schlüsselbeines im Brustkorb: *»www-u«*.

Legen Sie eine Hand auf Ihren Brustkorb, die andere Hand mit dem Handrücken auf den Raum unterhalb Ihrer Schulterblätter und spüren Sie nach, ob Sie zwischen Ihren Händen Stimmvibrationen fühlen können: *»www-u« oder »rrr-u«*.

Sprechen Sie hintereinander: *»www-u – wunderbar«*, *»rrr-u – rund«*.

Flüstern Sie die Laute noch einmal mit der Vorstellung verbunden, dass Sie auf einer inneren Leiter drei Sprossen nach unten steigen – vom Mundraum durch die Kehle in den Brustraum: *»wa, wo, wu«*.

Sprechen Sie jetzt diese Folge in absteigender Tonhöhe, ohne Ihre Stimme herunterzudrücken: *»wa, wo, wu«*.

Vibriert Ihr Brust-/Rückenraum?

Sprechen Sie mit dem Fokus auf diesen tiefen Bereich Ihrer Sprechstimmlage einen Abzählreim, ein Gedicht oder einige Liedzielen, die Ihnen in den Sinn kommen – langsam, Wort für Wort.

Fühlt sich der Text hier »privater«, »wärmer« oder »persönlicher« an?

■ Martinshorn

Nachdem Sie Ihre Resonanzräume im Brust- und Kopfbereich erforscht haben, probieren Sie aus, ob Sie Ihre Stimme in Ihrer Vorstellung durch Ihren Körper »wandern« lassen können.

Stehen Sie aufrecht, die Füße hüftgelenksbreit auseinander. Ahmen Sie das »Tatütata« eines Polizei- oder Krankenwagens nach: »*hmm* (tief) – *hmm* (hoch), *hmm – hmm*«.

Nutzen Sie Körperbewegungen dazu, die Resonanzräume in Brust- und Kopfbereich zu visualisieren und zu empfinden. Beugen Sie bei den tieferen Tönen die Knie, als würde es der Stimme dabei helfen, weiter nach unten zu kommen, und stellen Sie sich auf die Zehenspitzen, wenn die Töne höher werden, um der Stimme in den Kopf zu »helfen«. Ihr Körper kommt in eine vertikale Bewegungsfolge: »*hmm* (tief) – *hmm* (hoch), *hmm – hmm*«.

Je nach persönlichem Geschick wippen Sie langsamer oder schneller nach oben und unten; Ihre Stimme folgt. Sie können probieren, auf einem Atemzug drei- bis viermal zu wippen: »*hmm* (tief) – *hmm* (hoch), *hmm – hmm, hmm – hmm, hmm – hmm*«.

Ist es möglich, den Klang zwischen Kopf- und Brustraum »hinauf- und hinunterzuschütteln«?

Wichtig ist, dass Kehle, Kiefer und Zunge entspannt sind und Raum für den Stimmklang geben.

Die Stimme im Beckenraum

Die Zwerchfelltätigkeit wirkt sich bis in den Beckenraum aus. Das liegt daran, dass sich das Zwerchfell bei einem tiefen Atemzug zirka fünfzehn Zentimeter nach unten senkt und sich dieser Druck über die Eingeweide in die Beckenbodenmuskulatur überträgt. Im Rückenbereich verlaufen zudem die Zwerchfellschenkel (eine Muskel-Sehnenverbindung) vom Zwerchfell in Richtung des Beckens – auch über sie kann man sich eine Verbindung in diesen unteren Raum vorstellen. Der Beckenbereich wird häufig als »unterer Atmungsraum« bezeichnet; er gilt auch als Zone vitaler Lebensenergie und als Kraftzentrum.

Die nächsten Übungen richten sich auf die Flexibilisierung des unteren Atmungsraums mit dem Ziel, die Stimme von dort Kraft schöpfen zu lassen.

■ Gebärstellung

Legen Sie sich auf den Rücken, und heben Sie Ihre Knie in Richtung Ihres Gesichtes an, so dass sich die Füße vom Boden abheben und die Fersen fast auf Ihrem Po liegen.

Lassen Sie die Knie leicht nach außen auseinander fallen – so weit, dass es Ihnen noch bequem ist –, und nehmen Sie zur Unterstützung Ihre Hände auf die Knie. Mütter werden eine ähnliche Stellung, bei der sich der Beckenraum mechanisch weiten lässt, vom Gebären her kennen.

Atmen Sie jetzt tief über Ihre geöffneten Lippen ein, so dass sich in Folge Ihr Beckenboden nach unten ausdehnt. Wahrscheinlich werden Sie die Auswirkung des eingehenden Atems zwischen Ihren Beinen fühlen können. (Außerdem wird sich der Bauch weit heben.) Seufzen Sie von dort stimmlos und mit erleichterndem Gefühl: »*haaa*«.

Stellen Sie sich vor, der eingegangene Atem würde sich am Beckenboden in tiefe Klangvibrationen verwandeln. Seufzen Sie in Ihrer Vor-

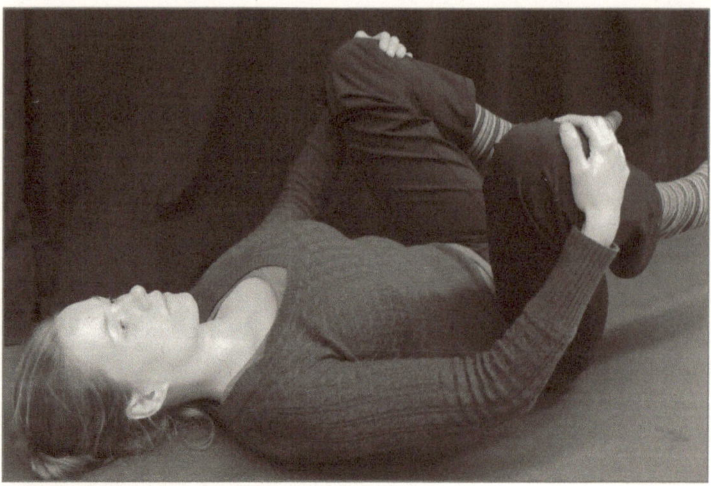

Gebärstellung

stellung die Stimme vom Beckenboden los, und bleiben Sie für die Länge des Seufzers auf gleicher, tiefer Tonhöhe: »*haaa*«.

Wiederholen Sie das mehrmals, und ändern Sie ein klein wenig die Tonhöhe nach oben – oder noch mehr nach unten, ohne nachzudrücken.

Schließen Sie langsam Ihre Knie, und stellen Sie die Füße wieder auf den Boden. Strecken Sie dann Ihre Beine der Länge nach aus.

Spüren Sie nach, wie sich Ihr Beckenraum anfühlt. Scheint er größer geworden zu sein?

■ Beckenboden aktivieren

Es ist hilfreich, wenn Sie einen großen Gymnastikball zur Verfügung haben, auf den Sie sich setzen können. Sollte das nicht der Fall sein, so setzen Sie sich auf das vorderste Drittel eines Stuhls, die Füße flach auf dem Boden, die Wirbelsäule aufgerichtet. Sie sollten Ihre Sitzhöcker fühlen können.

Lassen Sie den Gedanken an einen tiefen Seufzer in Ihren unteren Atemraum kommen. Vielleicht können Sie auch in dieser Position spüren, dass sich die Atmung bis in den Beckenboden auswirkt.

Lassen Sie dann den Atem auf einen stimmlosen, geflüsterten Seufzer los: »*haaa*«.

Stellen Sie sich auch in dieser Übung vor, dass die Stimme ihren Anfang im Beckenboden nimmt. Seufzen Sie Ihre Stimme mit dem Gedanken / Gefühl »Geschafft!« in den Raum: »*haaa*«.

Fügen Sie der Übung jetzt eine leichte Schaukelbewegung Ihres Beckens hinzu, bewegen Sie es beim Seufzen vor und zurück: »*haaa*«.

■ Beckenkreisen

Stehen Sie aufrecht, die Füße hüftgelenksbreit auseinander und die Knie gebeugt, so dass Ihr Becken frei schwingen kann. Übertragen Sie zunächst die vorherige Übung, und schaukeln Sie Ihr Becken vor und zurück. Seufzen Sie dabei in tiefer Stimmlage, und verweilen Sie ein wenig auf dieser Höhe: »*haaa*«.

Lassen Sie im nächsten Schritt Ihr Becken zu den Seiten schwingen, während Sie Stimme ausseufzen; von rechts nach links, locker hin und her: »*haaa*«.

Kreisen Sie jetzt Ihr Becken beim Seufzen, und achten Sie darauf, dass Ihre Knie gebeugt sind und Ihre Wirbelsäule aufgerichtet bleibt: »*haaa*«.

Stellen Sie sich auch hier vor, dass die Stimme aus dem Becken kommt und der Motor für die Bewegung ist.

➲ Welche Resonanzübungen nehmen Sie in Ihr Trainingsprogramm auf? Notieren Sie sich Ihr persönliches Lernziel und detaillierte Beobachtungen beim Üben in Teil C unter »Resonanzübungen zum Stimmausbau« (S. 147).

Die Kraft der Stimme

Wenn wir mehr körperliche Kraft brauchen, beispielsweise um etwas Schweres zu heben, schließen sich die Stimmlippen, und zeitgleich werden die Muskeln im Kehlkopf aktiv. Dadurch vergrößert sich der Druck im Körper und wirkt Muskel unterstützend.

Wenn wir mehr stimmliche Kraft brauchen, zum Beispiel bei lautem Rufen, wirkt der Verschluss in der Kehle eher hemmend und schädigend für den Stimmapparat. Vielleicht kennen Sie das: Wenn Sie eine Zeitlang gegen einen großen Lärmpegel ansprechen mussten, spüren Sie einen Drang zum Räuspern; es »kratzt« im Hals, oder Sie sind abends sogar heiser. Wir nehmen die Stimmkraft oft fälschlicherweise »aus dem Hals«.

Die Stimme erhält jedoch ihre Kraft aus dem Zentrum des Körpers – durch die volle Ausschöpfung der Atemkapazität. Um das zu erreichen, wurde bereits im Kapitel zur Atmung beschrieben, wie die entsprechenden Muskelgruppen flexibilisiert und gestärkt werden können. Jetzt können Sie davon bei den Stimmübungen profitieren. Übertragen Sie zunächst die beiden Übungen »Kopfüber« und »Im Sitzen« in die Stimmarbeit.

■ Kopfüber

Wie erwähnt, nützt das Kopfüberhängen dazu, vermehrten Zugang zur Flankenatmung zu bekommen. Gleichzeitig ist die Nacken-, Kehl- und Kiefermuskulatur entspannt, was auch bei der Phonation so bleiben soll. Die Übung verhilft dazu, durch volle Ausschöpfung der Atemkapazität zu großer stimmlicher Kapazität zu gelangen – frei von jeder Anspannung in der Kehle.

Lassen Sie sich kopfüber langsam nach unten gleiten, bis Ihr Becken Ihr höchster Punkt ist. Legen Sie die Hände auf Ihre Flanken, um die

Atemtätigkeit dort zu spüren. Seufzen Sie über Ihre geöffneten Lippen stimmlos tief in den und von dem Flankenraum weg: »*haaa*«.

Wenn der nächste eingehende Atem Sie vollends erfüllt hat, lassen Sie ihn in Ihrer Vorstellung zu Klang werden – so als finge die Stimme in den Flanken an. Seufzen Sie auf Ihrer mittleren Sprechstimmhöhe, während Sie ein wenig auf dem Ton verweilen: »*haaa*«.

Steigern Sie Ihre Energie, und seufzen Sie zweimal hintereinander, bei sich vergrößerndem Impuls. Setzen Sie Ihren Atem kräftig frei: »*haaa*«, »*haaa*«.

Stellen Sie sich vor, so kopfüber hängend zu jemandem in einigen Metern Entfernung hinter Ihrem Rücken zu rufen: »*Hejj!*«

Können Sie feststellen, dass Ihre Stimme kräftig ist, ohne dass Sie sich dabei anstrengen müssen? Geht »es« leicht?

■ Kraft aus den Flanken

Nehmen Sie anschließend die Füße etwas weiter auseinander, und lassen Sie Ihr Becken langsam zu Boden kommen. Setzen Sie sich mit leicht angewinkelten Knien und etwas gegrätschten Beinen hin, die Fersen auf dem Boden. Beugen Sie Ihren Oberkörper weit möglichst vor, und fühlen Sie mit Ihren Händen wiederum die Atemtätigkeit in den Flanken.

Seufzen Sie mit großer Energie Ihre Stimme aus – so als wollten Sie jemandem in einiger Entfernung hinter Ihrem Rücken zurufen: »*haaa*«, »*hejj!*«.

Achten Sie darauf, die Kraft dafür aus der Flankenatmung zu nehmen.

■ Rufe

Bleiben Sie weiterhin in dieser körperlichen Haltung, und nutzen Sie jetzt die Übung, die Sie bereits durchgeführt hatten, als Sie flüsternd jemandes Wortschwall nachahmten (S. 50). Übertragen Sie die Übung nun in eine stimmhafte Folge, und sprechen Sie so schnell als möglich, ohne sich zu verhaspeln: »*papapapapapapapapapapapapá!*«

Oder: »*päpäpäpäpäpäpäpäpäpäpäpä́!*«

Spüren Sie nach, ob Sie jeden eingehenden Atemzug in Ihren Flanken fühlen können.

Stehen Sie jetzt auf, und legen Sie eine Hand auf Ihren Bauch, die andere mit dem Handrücken auf die Höhe Ihres Kreuzbeins. Das soll Sie daran erinnern, die Kraft von dort zu nehmen. Stimulieren Sie Ihren

Atem kräftig, und rufen Sie in Ihrer Vorstellung aus dem Beckenraum zu jemandem im Nebenraum: »*Hej, du!*«

Rufen Sie aus dem Fenster: »*Hej! Hallo!*«

Achten Sie darauf, dass Ihre Hals- und Kehlkopfmuskulatur weitgehend inaktiv bleibt. Sie können dem entgegenwirken, indem Sie leicht Ihren Kopf beim Rufen von links nach rechts bewegen: »*Hej! Hallo!*«

Imaginieren Sie die Situation, dass sich jemand in einiger Distanz an Ihrem Fahrrad zu schaffen macht. Rufen Sie »hinüber«, um die Person davon abzuhalten: »*Hej! Halt! Hej! Aufhören! Das geht nicht!*«

■ Schnelle Rufe

Stellen Sie sich vor, ein Konzert Ihrer Lieblingsband gehört zu haben, das gerade zu Ende ging. Sie fordern die Band zusammen mit den anderen Konzertbesuchern zu einer Zugabe auf. Skandieren Sie: »*hej, hej, hej, hej …*«

Nehmen Sie die Kraft für die Rufe aus dem Atemzentrum.

■ Kicken, treten, boxen

Sportler wie Hammerwerfer oder Karatekämpfer wissen, dass sie zu mehr nach außen gerichteter Kraft gelangen, wenn sie gleichzeitig bei ihrem Wurf/Schlag Atem und Stimme loslassen. Sie kennen sicherlich diese entladenden Ausrufe.

Uns hilft es in der Stimmarbeit umgekehrt, bei Übungen zur Kraftstimme körperliche Aktivitäten hinzu zu nehmen.

Kicken Sie mit großer Energie einen imaginären Fußball weg, und rufen Sie dabei aus: »*hej*« oder »*hopp*«.

Achten Sie auf die Freiheit in Ihrer Kehle; nehmen Sie den Impuls aus dem Atemzentrum im Bauch-Beckenbereich.

Stellen Sie sich vor, Tennis zu spielen und einen Aufschlag von oben zu machen. Führen Sie die Bewegung mit Ihrem Arm aus und rufen Sie dabei: »*hej*« oder »*hopp*«.

Sie können weitere Körperaktivitäten beim Rufen ausprobieren:

- einen imaginären Stock über das angewinkelte Knie brechen
- einen imaginären Boxkampf führen
- einen Fußtritt nach vorn oder hinten kicken
- mit einem Golfschläger einen Ball weg schlagen.

Wenn Sie einige Male gerufen haben, entspannen Sie Ihre Stimme, und summen Sie sanft an Ihre Lippen: »*hmmm*«.

➲ Welche der Übungen zur Kraft der Stimme möchten Sie in Ihr Trainingsprogramm aufnehmen? Notieren Sie sich im Teil C unter »Stimmübungen zu vermehrter Kraft« (S. 148) Ihr persönliches Lernziel und Ihre Beobachtungen beim Üben.

Das tägliche Körper-Stimmtrainingsprogramm

Wir können unsere stimmlichen und sprecherischen Fähigkeiten nur durch Probieren und Üben verändern. Je öfter Sie praktizieren, desto mehr wird sich Ihr Spektrum entfalten. Wenn Sie sich wenigstens dreimal wöchentlich eine Stunde Zeit zum Üben nehmen, so werden Sie nach einigen Wochen deutliche Veränderungen wahrnehmen können.

Achten Sie beim Üben auf bequeme Kleidung, vor allem darauf, dass Ihr Bauch Platz hat! Außerdem sollte Ihr Magen nicht zu voll sein.

Wenn Sie die Übungen der Kapitel »Körper«, »Atmung« und »Stimme« durchgeführt und weitgehend verinnerlicht haben, sollte es möglich sein, ein gesamtes Trainingsprogramm zu absolvieren. Dieses wird den größten Effekt zeigen, wenn Sie die Übungen genau machen: wenn Sie bedenken, was Sie tun und wahrnehmen, wie sich die Arbeit konkret auswirkt – körperlich, geistig und emotional.

Der folgende Ablauf beinhaltet nur eine Auswahl der beschriebenen Übungen, denn zur gleichen Zielsetzung wurden verschiedene Wege vorgestellt. Die Übungen werden nur benannt, nicht mehr erläutert.

Es ist ratsam, in einem Raum zu üben, in dem Sie sich erlauben können, lauter zu werden.

Zur Durchführung des ganzen Trainingsprogramms sollten Sie anfangs von etwa einer Stunde ausgehen. Wichtiger ist, Sie üben nur einen Teil, statt durch die Folge zu hetzen. Je geläufiger Ihnen die Übungen sind, desto rascher können Sie vorangehen, so dass Sie nach einiger Zeit in etwa 40 Minuten gut »eingestimmt« sein sollten.

Körperübungen

Im Stehen:

- *Abklopfen*
- *Gewicht abgeben*
- *Kniegelenke lösen und federn*
- *Oberen Rücken und Schultergürtel lösen*
- *Unteren Rücken und Becken lösen*
- *Nacken lösen*
- *Marionette*
- *Kopfüber*

(Dauer: zirka 10 Minuten)

Übungen zur Freisetzung der Atmung

Im Liegen:

- *Atem beobachten*
- *Atem freisetzen auf »fh«*
- *Atem freisetzen auf »haa«*

Im Stehen:

- *Flanken nutzen*

(Dauer: zirka 7 Minuten)

Übungen zur Freisetzung der Stimme

Im Stehen:

- *Gähnen und sich räkeln*
- *Klang ausseufzen*

Im Liegen:

- *Klang ausseufzen und auf einer Tonhöhe bleiben*
- *Beckenuhr*
- *Knie schütteln*

Im Stehen:

- *Lösen, sammeln, senden*

(Dauer: zirka 10 Minuten)

Übungen zur Flexibilisierung der Stimm- und Sprechorgane

Im Sitzen:

- *Lippenflattern*
- *Lippenflattern und Summen*
- *Nacken- und Kiefermuskulatur lösen*
- *Zunge vor- und zurückbewegen*
- *Zunge in die Wange drücken*
- *Stimmklang und Zunge*
- *Gaumensegel und Zungenwurzel trainieren*

(Dauer: zirka 15 Minuten)

Resonanzübungen

Im Sitzen:

- *Mundresonanz*
- *Finden der mittleren Sprechstimme durch Vokale*
- *Gleittöne, »Glissandi«*
- *Finden der unteren Sprechstimme durch Vokale*

Im Stehen:
- *Martinshorn*
- *Beckenkreisen*

(Dauer: zirka 10 Minuten)

Übungen zur Erhöhung der Atemkapazität

Im Stehen:
- *Hecheln, um das Zwerchfell zu mobilisieren*
- *Luft einschnüffeln*
- *Bogenschießen*
- *In die Luft boxen*

(Dauer: zirka 5 Minuten)

Übungen zur Stimmkraft

Im Stehen:
- *Kopfüber*
- *Rufe*
- *Schnelle Rufe*
- *Kicken, treten, boxen*

(Dauer: zirka 3 Minuten)

Entspannen Sie im Anschluss an den Übungsblock Ihre Stimme, indem Sie leise summen.

➲ Welches Trainingsprogramm stellen Sie sich zusammen? Notieren Sie sich einen eigenen Ablauf unter Teil C unter »Mein Körper-Stimmübungsprogramm« (S. 149). B. Sprechen

B. Sprechen

1. Soziale und individuelle Aspekte beim Sprechen

> *»Denn was immer Menschen tun,*
> *erkennen, erfahren oder wissen,*
> *wird sinnvoll nur in dem Maß,*
> *in dem darüber gesprochen werden kann.«*
> HANNAH ARENDT, »VITA ACTIVA«

Kommunikation als Prozess des Miteinandersprechens

Die Stimme ist uns angeboren, das Sprechen nicht – obgleich die genetische Anlage zum Spracherwerb vorhanden ist. Diese Anlage muss jedoch durch Reize aktiviert werden: Kinder müssen angesprochen werden, um sprechen zu lernen. Ihre Neugier darauf, sprechen zu »wollen«, verkümmert, wenn entsprechende und rechtzeitige Stimulierungen fehlen. Vielleicht haben Sie von sogenannten Wolfskindern wie Kaspar Hauser gehört, die ohne menschlichen Kontakt überlebt, aber nach ihrem Auffinden nie in ausreichendem Maße sprechen gelernt haben. Oder denken Sie an Kinder, die viele Stunden am Tag mit dem Computer »kommunizieren« – sie mögen Wissen und Geschicklichkeiten durch den PC erwerben, doch Gesprächsfähigkeit als Mittel zwischenmenschlicher Kommunikation kann dabei nicht entwickelt werden – es fehlt das Entscheidende, das soziale Miteinander.

Der Begriff »Kommunikation« entstammt dem lateinischen *communicare*, das übersetzt »gemeinsam machen« heißt. Zahlreiche Ausdrücke verdeutlichen den Zusammenhang von Sprechen und Gemeinsammachen – wie beispielsweise »eine Mitteilung machen«, »sich mitteilen« oder »etwas miteinander teilen«. Der soziale Aspekt des Sprechens ist in diesen Begriffen enthalten; »kommunizieren« bedeutet also, sich mit jemandem verständigen.

Wie wir als Erwachsene miteinander kommunizieren, mit welchen Fähigkeiten und Unfähigkeiten, ist Folge unserer Biografie. Über die genetische Festlegung hinaus wird die Persönlichkeit durch zwischenmenschliche Kommunikation geformt, durch Beziehungen und Erfahrungen vor allem in der Kindheit. Kinder entwickeln ihre Persönlichkeit durch den Austausch mit anderen und durch Beobachten, wie andere handeln. Diese Erfahrungen lehren Kinder, sich zu behaupten, Gemeinsames zu suchen und sich abzugrenzen. So bilden sie die Fähigkeit aus, zu verstehen und Gespräche zu führen.

Leider gibt es kein Aufwachsen ohne misslungene Kommunikation. Denken Sie an Aussagen wie »Mit dir rede ich nicht mehr« oder »Du hast hier gar nichts zu sagen«, »Du bist still, wenn Erwachsene reden«. So entstehen die bereits erwähnten »Kommunikationsnarben«[15], die zu Gesprächs- und Verstehensunfähigkeit beitragen und sogar zu vorübergehendem Verstummen führen können.

Auch wenn die grundlegende Persönlichkeitsbildung im Kindesalter stattfindet, so verändern wir uns im Jugend- und Erwachsenenalter und können durch neue, positive Erfahrungen im sozialen Umfeld unsere Gesprächs-, Rede- und Verstehenskompetenzen erweitern: durch Schulung der Selbstwahrnehmung und über Rückmeldungen anderer bezüglich unserer Wirkung auf sie sowie durch kontinuierliches Üben.

Sprache und Sprechen

Häufig werden die Begriffe »Sprache« und »Sprechen« synonym verwendet. Zwar wird die Verknüpfung von Sprache und Sprechen schon durch das lateinische *lingua* deutlich, was übersetzt sowohl »Sprache« als auch »Zunge« heißt – dennoch muss hier differenziert werden.

Ohne Sprache kann man nicht sprechen, und zum Sprechen braucht man die Sprache. Beides ist wechselseitig voneinander abhängig.

Sprache ist das System, die Grammatik, die Bedeutungsskala für einzelne Wörter, mit Hilfe derer sich Denken ausformt. Sprachwissenschaftler, Linguisten beschäftigen sich unter anderem mit der Entstehung und Entwicklung von Sprache, mit ihrer Systematik und deren einzelnen Bestandteilen.

Sprechen ist der Vollzug von Sprache: Durch Sprechen wird Sprache lebendig und erhält über die Stimme und die Sprechweise eine zusätzliche persönliche Bedeutung. Sprechwissenschaftler beschäftigen sich deshalb mit den verschiedenen Ebenen der gesprochenen Sprache, mit

15 Vgl. Geißner

der Atmung, mit Stimme und Artikulation sowie den Themenkomplexen der Rhetorik und des künstlerischen Sprechens.

Sprechen ist zielgerichtet

Wir sprechen in der Regel nicht um des Sprechens willen, sondern mit dem Ziel, etwas Bestimmtes zu erreichen. Wir erwarten, dass unsere Gesprächspartner auf uns reagieren und auf das eingehen, was wir ihnen sagen.

Zwischenmenschliche Kommunikation ist schon von ihrem Ursprung her zielgerichtet. Michael Tomasello[16] beschreibt anschaulich, wie Kleinkinder in ihrer vorsprachlichen Entwicklungsphase probieren, über Gesten Erwachsene zu informieren sowie ihre eigenen Erfahrungen mit ihnen emotional zu teilen. Er berichtet von einer Versuchsanordnung, bei der Erwachsene die Intention von Kleinkindern absichtlich missverstanden und »falsch« reagierten. Die kleinen Probanden bestanden auf der Suche nach zwischenmenschlicher Kommunikation vehement darauf, richtig verstanden zu werden, und starteten ihre Versuche sich mitzuteilen viele Male neu. Kooperative Kommunikation hat offensichtlich eine natürliche Motivation.

Mit dem Sprechen erweitert sich die Ausdrucksfähigkeit über das körperliche Zeigen hinaus und präzisiert sich.

Sprechen ist individuell

Sprechen ist also sozial erlernt und gleichzeitig individuell ausgeprägt. In derselben Familie im identischen sozialen Umfeld entwickeln sich Geschwister oft völlig verschieden, sowohl charakterlich als auch in ihrer Sprechweise. Obgleich es familientypische Ausdrucksweisen und milieuabhängige Varietäten gibt, sogenannte Soziolekte, sprechen einzelne Mitglieder sozialer Gemeinschaften doch auf individuelle Weise. Sie alle haben in derselben Umgebung Unterschiedliches erfahren – niemand erlebt auf gleiche Weise –, obwohl wir häufig einvernehmlich feststellen: »Das geht mir ganz genauso!« Jeder versteht und fühlt

16 Vgl. Tomasello

anders, begreift sinnlich anders, hat andere Voraussetzungen, andere »Glaubenssätze« und Verarbeitungsweisen.

Ein weiterer Aspekt unterschiedlicher Sprechweisen ist in der hier schon erwähnten Individualität von Körperbau, Atmung und Stimme begründet.

Hören ist individuell

Manche Menschen erreichen uns mit ihrer Art zu sprechen mehr als andere. Vielleicht erinnern Sie sich an Pädagogen aus Ihrer Schulzeit und daran, wie unterschiedlich gut Sie jener Lehrerin, nicht aber jenem Lehrer zuhören und dabei den Stoff verstehen konnten, unabhängig von Ihrem Interesse am Inhalt. Es gelingt offensichtlich manchen besser, ihr Wissen zu vermitteln, als anderen – sie erzielen eine stärkere Wirkung. Doch vermutlich haben nicht alle Ihre Mitschüler mit Ihnen gleich empfunden, manche konnten vielleicht ausgerechnet dem Lehrer besonders gut folgen, bei dem Sie in der Regel »abgeschaltet« haben: Beide, Sprechende und Hörende, haben Anteil an der Wirkung.

Das trifft nicht nur auf den Bereich der Wissensvermittlung zu, sondern gilt für alle Formen von Gespräch und Rede.

Wirkungskriterien

Durch die Art, wie wir sprechen, offenbaren wir (neben dem Körperausdruck) über den Inhalt hinaus auch unsere Haltung, Emotion und Beziehung zum Gegenüber. Und wir offenbaren uns selbst – ob bewusst oder unbewusst. Über die Wirkung unseres Rede- oder Gesprächbeitrags entscheiden die Zuhörenden, denn wir unterliegen sowohl individuellen Sprech- wie individuellen Hörmustern, aufgrund derer wir Sprechende unterschiedlich wahrnehmen. Es gibt keinen objektiven, allgemeingültigen Maßstab für »gut« oder »schlecht«, jedoch gibt es Kriterien, an Hand derer sich untersuchen lässt, weshalb Verständigung eher gelingt oder misslingt.

Es handelt sich um eine Reihe von zusammenwirkenden Faktoren. Vier Voraussetzungen zur Erzielung gelingender kommunikativer Wirkung sind:

- die Sprechabsicht, d.h. der Wille zu sprechen
- das Redeziel, d.h. der Wille, etwas erreichen zu wollen
- der Perspektivenwechsel, d.h. die Berücksichtigung der Zuhörenden
- die Selbstmitteilung, d.h. das sich Einbringen des Sprechers

Wir haben ein Gespür dafür, ob die sprechende Person engagiert spricht – also wirklich meint, was sie sagt – und uns dabei mitnimmt.

Drei Ebenen oder Parameter, an denen sich Sprechwirkung konkreter beschreiben lässt, sind:

- das Verbale
- das Paraverbale
- das Extraverbale

Die **verbale** Ebene bezieht sich hauptsächlich auf den Inhalt, auf das (Fach)Wissen (den Verstand), das sich an der sprachlichen Struktur und Gliederung, am Aufbau und Umfang des Gesagten ablesen lässt.

Die **paraverbale** Ebene mündlicher Kommunikation bezieht sich auf die akustische Art und Weise des Sprechens, also auf Stimme und Sprechausdruck. An diesen Parametern ist oft das emotionale Befinden der sprechenden Person zu erkennen, ihre Empathie den Zuhörenden gegenüber und ihre Selbstmitteilung.

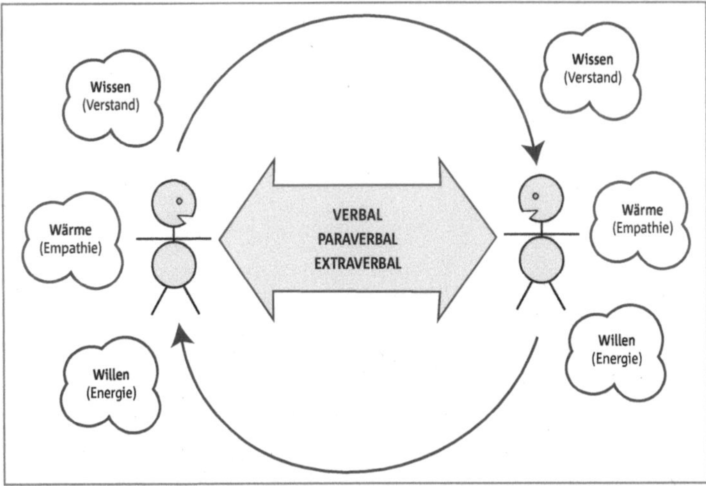

Wirkungskriterien

Die **extraverbalen** Parameter betreffen die sichtbaren Kennzeichen der Kommunikation, das, was umgangssprachlich oft als »Körpersprache« bezeichnet wird: Gestik und Mimik, Blickkontakt, Haltung sowie die körperliche Zugewandtheit zu den Hörenden. An diesem körperlichen Ausdruck lässt sich auch die Willenskraft und Energie der sprechenden Person ablesen. Auch hörbares Außersprachliches – wie Jammern, Stöhnen, Lachen oder lautes Atmen – zählt zu den extraverbalen Parametern, da es gleichfalls deutbare Aussagekraft hat.

Alle Faktoren mündlicher Kommunikation sind voneinander abhängig und miteinander verwoben. Die Ausdrucksweise verdeutlicht den Inhalt, gibt gleichzeitig Auskunft darüber, wie die sprechende Person den Inhalt deutet, welche Beziehung sie zu den Hörenden hat und in welcher Absicht sie redet. Stellen Sie sich vor, ein Gespräch über Klimawandel zu führen: einmal mit »Vielfliegern« aus dem Kollegenkreis und einmal mit Grundschulkindern während einer Projektwoche zum Thema »Unser Wetter« – wie verschieden werden die inhaltlichen Aspekte sein, wie unterschiedlich Ihr Sprechausdruck, Ihre Wortwahl und Ihr Körperausdruck!

Mündliche Kommunikation ist von der Situation abhängig, also davon, wer mit wem spricht, wann und wo, wieso und wozu.

2. Die W-Fragen

»So wie bestimmte Tätigkeiten und Handlungen an bestimmten Orten (in bestimmten Räumen) stattfinden, so finden auch bestimmte kommunikative Handlungen nur in bestimmten Räumen statt. So wenig jemand […] üblicherweise im Schlafzimmer ein Moped repariert, so wenig wird er dort ›Tischgespräche‹ führen.«
HELLMUT GEISSNER, »SPRECHERZIEHUNG«

Analyseinstrument der Gesprächssituation

Die Formen und Zusammenhänge verbaler Kommunikation sind vielfältig; wir führen Gespräche und halten Reden in unzähligen gesellschaftlichen Situationen, zu vielen verschiedenen Anlässen: Sowohl im Beruf als auch im Alltag werden Gespräche geführt, und zu Geburtstagen, Jubiläen und Trauerfeiern werden sogenannte Anlassreden gehalten. In beruflichen Zusammenhängen werden Verhandlungsgespräche geführt, in Ausbildungssituationen werden Informationsreden und Referate gehalten, auf Partys findet Smalltalk statt, in Paarbeziehungen kommt es zu Konfliktgesprächen, in radikalen Organisationen zu Kampfesreden, in psychosozialen Zusammenhängen zu therapeutischen Gesprächen. In den Medien werden Interviews geführt und Gesprächsrunden moderiert, auf der Bühne finden Dialoge statt, via Satellit, am PC oder per Handy werden Konferenzen und Verhandlungen geführt, in der Politik werden Überzeugungsreden gehalten – so verschieden die Anlässe und Situationen sind, so unterschiedlich sind die Gesprächs- und Redeformen.

Diese Verschiedenartigkeit verlangt, dass sich unser Sprach- und Sprechstil der Situation anpasst. Das kann umso besser gelingen, je vertrauter uns die Situationen sind, denn dann können wir mit Erwartungen besser umgehen, uns die Perspektive der Gesprächspartner eher vorstellen und sie begreifen.

Wer sich in vielen verschiedenen sozialen Situationen bewegt, wird ein breites Spektrum an sprachlichen und sprecherischen Mitteln zur Verfügung haben. Das bedeutet im Umkehrschluss, dass soziale Barrieren meist auch kommunikative Barrieren mit sich bringen.

Welche Faktoren in einer Gesprächssituation wirken und unser Sprechen und Verstehen beeinflussen, lässt sich anhand verschiedener

Fragestellungen veranschaulichen, den sieben sogenannten W-Fragen: Wer sagt **was** und **wie** zu **wem, wo, wann, warum** und **wozu**?[17]

Alle Faktoren beeinflussen sich wechselseitig und betreffen sowohl Sprechende als auch Hörende; die Gesprächspartner befinden sich in ständiger Wechselbeziehung zwischen Denken und Sprechen beziehungsweise Hören und Verstehen.

Die folgende Situationsbeschreibung bezieht sich hauptsächlich auf solche Gespräche, die in körperlicher Anwesenheit der Beteiligten stattfinden, also zwischen Personen, die einander sehen.

Wo?

Unser Denken und Fühlen ist abhängig davon, wo wir uns befinden – die Örtlichkeit beeinflusst unser Verhalten, Sprechen und Verstehen. Die Doppeldeutigkeit der Redensart »Das kommt auf den Standpunkt an« vermittelt ebendies. Auch wenn das nicht für alle Menschen in gleicher Weise zutrifft, so gelten dennoch gesellschaftliche Übereinkünfte und kulturelle Normen, die unterschiedliches kommunikatives Handeln an unterschiedlichen Orten erwarten lassen. Selbst identische Inhalte werden in verschiedenen Räumen auf andere Weise besprochen, eine Debatte wird am Stammtisch anders geführt als im Plenarsaal oder bei einem Spaziergang am Meer; Sprachstil, Körperausdruck und Sprechweise werden sich unterscheiden.

Räume beeinflussen nicht nur Gedanken und Stimmungen; es ist umgekehrt ebenso notwendig, die Stimme und die Sprechweise den Örtlichkeiten »technisch« anzupassen, zum Beispiel in Form von Lautstärkeregulierung.

Wann?

Der zeitliche Faktor bezieht sich sowohl auf die Tages- als auch auf die Jahreszeit. Ein Gespräch oder eine Rede entwickelt sich anders, wenn es/sie morgens früh um neun Uhr beginnt oder spät am Abend. Die individuelle Müdigkeit oder Energie der Gesprächspartner wirkt sich

17 Vgl. Geißner (in leichter Abwandlung)

auf den Sprach- und Sprechstil ebenso aus wie auf die Verstehensfähigkeit. Der Zeitfaktor ist in vielen Berufen von Relevanz; so etwa für Ärzte, Seelsorger oder Schichtarbeiter, die sich teils rund um die Uhr in kommunikativen Situationen befinden.

Für manche spielt auch die Jahreszeit eine entscheidende Rolle. Für Allergiker kann es mühevoll sein, Gespräche während der »Heuschnupfenzeit« zu führen, für Sonnenanbeter mag ein Streitgespräch auf der Terrasse im Sommer anders verlaufen als bei einem Spaziergang im spätherbstlichen Nebelwald.

Warum?

Wir sprechen in der Regel dann, wenn wir etwas mitteilen möchten, zum Beispiel ein bestimmtes Bedürfnis haben oder etwas erreichen wollen.

Natürlich gibt es unzählige andere Gründe dafür, ein Gespräch zu beginnen. Manchen Gesprächen liegt vermehrt Emotionales zugrunde: Es kann sein, dass wir Gespräche »nur« deshalb beginnen, um ein unangenehmes Schweigen zu unterbrechen, manchmal, um zu widersprechen, ein anderes Mal, um beizupflichten und Gemeinsamkeit zu erzeugen – oder um von uns selbst oder irgendetwas anderem abzulenken.

Aus der jeweiligen Motivation ergibt sich ein eigener Sprach- und Sprechstil, und es obliegt den Gesprächspartnern, diesen zu deuten.

Wozu?

Sprechen ist zielgerichtet: Wir wollen meist erreichen, dass diejenigen, für die oder mit denen wir sprechen, etwas Bestimmtes empfinden, erfahren, denken oder tun – wir wollen auf sie einwirken.

Über die inhaltliche Zielsetzung hinaus enthalten unsere Worte Zusatzinformationen, die beabsichtigt oder unbeabsichtigt sein können. Oft ist es uns wichtig, als sympathisch, interessant oder klug empfunden zu werden; wir wollen anerkannt, geliebt, bewundert werden. Diese mitschwingenden Appelle haben manchmal mehr Bedeutung als der Inhalt. Dies gilt auch für sozial »inakzeptable« Appelle wie Intrigieren, andere Erniedrigen oder Hassschüren.

Solche, den Inhalt begleitende Haltungen und Emotionen bezeichnet man als »Subtext«. Häufig ist im Subtext das eigentliche Rede- oder Gesprächsziel enthalten.

Wer mit wem?

Alle, auch diejenigen, die keine Schauspieler sind, »spielen« in unzähligen sozialen Rollen in zahlreichen »Lebensstücken« mit. Im Unterschied zur (herkömmlichen) Schauspielerei spielt im Leben allerdings das »Publikum« mit; die Zuhörenden sind ebenfalls »Rollenspieler« und bringen sich als solche beim Verstehen und Antworten in das Gespräch oder in die Handlung mit ein.

So ist etwa jeder Sohn Träger zahlreicher sozialer und beruflicher Rollen; er ist beispielsweise auch Freund, Segler, Schüler an der Volkshochschule, Schauspieler, Parteimitglied etc. Und eine Tochter ist beispielsweise auch Designerin, Freundin, Solosängerin im Chor, Mitglied eines Sportvereins, Kursleiterin in der Volkshochschule etc.

Je nachdem, mit wem und in welcher Situation er oder sie kommuniziert, wird das Gespräch aus einer spezifischen, persönlichen Rolle der miteinander Sprechenden geführt; einmal spricht jemand eher aus seiner familiären, einmal aus seiner beruflichen Rolle. Dabei werden die Sprechweisen unterschiedlich sein – zumindest wäre das angebracht, sonst sind Störungen oder zumindest Irritationen unweigerlich die Folge.

Außerdem wirken sich die persönlichen aktuellen Lebensumstände und emotionalen Befindlichkeiten beider Gesprächspartner wesentlich auf das Gespräch aus.

Was (worüber)?

Vorausgesetzt wird hier, dass die miteinander Sprechenden jeweils wissen (oder sich verständigen), worüber sie miteinander reden. Was sie im Einzelnen über das Gesprächsthema denken und äußern, ist von verschiedenen Faktoren abhängig, so zum Beispiel von ihrem (Sach/Fach)Wissen, von der Form des Gesprächs und seiner individuellen Bedeutung sowie dem psychosozialen Kontext.

Ebenso, wie immer nur ein »Teil von uns« in verschiedenen Bezügen denken und sprechen kann, wird das Thema eines Gespräches oder einer Rede immer nur Teilaspekte seines möglichen Ganzen beinhalten können. Ein persönlich geführter Dialog zweier Studierender über gemeinsame Versagensängste beinhaltet beispielsweise anderes als eine Psychologievorlesung zum selben Thema. Ein Pastor wird in einer Predigt Lessings Ringparabel anders interpretieren als eine Lehrerin mit Schülern ihres Deutsch-Leistungskurses.

Das, was in Gesprächen gesagt wird, ist zusätzlich von der persönlichen Fähigkeit abhängig, sich präzise auszudrücken. Oft gelingt es nicht, die »richtigen Worte« zu finden, obgleich der Inhalt klar scheint. Oft ist die emotionale Betroffenheit bei bestimmten Inhalten zu groß, um ihnen Ausdruck zu verleihen; in dem Falle bleibt unsagbar, was dennoch für einen achtsamen Gesprächspartner hörbar werden kann.

Wie?

In welcher Weise miteinander Sprechende kommunizieren, hängt wesentlich von der Sprechintention ab, also von der Absicht, jemanden und etwas erreichen zu wollen.

Wer einwirken will, wird versuchen, nachvollziehbar, verständlich und präzise zu sprechen – in einer Ausdrucksweise, die den Sinn des Gemeinten unterstützt.

Durch die paraverbalen, die sprecherischen Ausdrucksmittel verdeutlichen wir die Wichtigkeit und Gewichtung des Inhaltes, zum Beispiel in Form von Betonung oder Lautstärke. Außerdem offenbaren die paraverbalen Mittel unser Engagement und unsere emotionale Haltung.

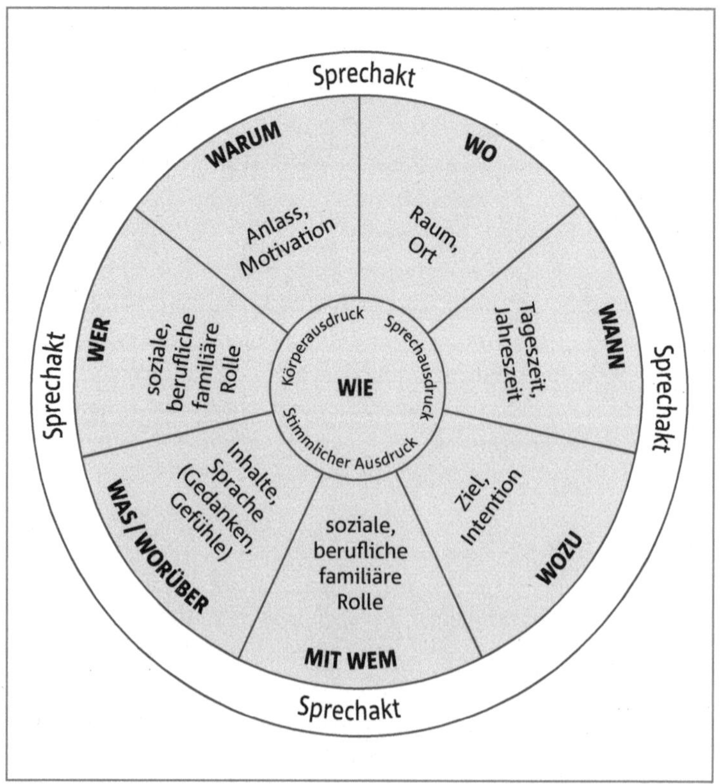
Sprechakt
WARUM
Anlass, Motivation
WO
Raum, Ort
WANN
Tageszeit, Jahreszeit
WOZU
Ziel, Intention
MIT WEM
soziale, berufliche familiäre Rolle
WAS/WORÜBER
Inhalte, Sprache (Gedanken, Gefühle)
WER
soziale, berufliche familiäre Rolle
WIE
Körperausdruck
Sprechausdruck
Stimmlicher Ausdruck
Sprechakt
Sprechakt
Sprechakt

Die W-Fragen

3. Der Sprechausdruck kommentiert

> *»Für mich [...] sind nicht die Wörter wichtig,*
> *sondern was wir mit diesen Wörtern tun,*
> *was den unbelebten Wörtern des Textes*
> *Leben einhaucht ...«*
> JERZY GROTOWSKI, »FÜR EIN ARMES THEATER«

Paraverbale bzw. Sprechausdrucksmittel

Über die Sprache hinaus geben wir unserem Sprechen mit einem breit gefächerten Repertoire an Ausdruckselementen Bedeutung, den sogenannten paraverbalen oder Sprechausdrucksmitteln.

Ein Teilbereich dieser sprecherischen Elemente wird auch als »prosodische Mittel« bezeichnet. Der Begriff »Prosodie« entstammt dem Griechischen, wird mit das »Hinzugesungene« oder »Hinzugesagte« übersetzt und verdeutlicht die Relevanz der Sprechausdrucksmittel. Wenn wir der Sprache durch unseren Körper und unsere Sprechweise nichts »hinzusagen« würden, bliebe sie ein reduziertes, unpersönliches Informationssystem. Jedoch sind Menschen dazu gar nicht in der Lage – wir können nicht neutral sprechen. Reine Informationsvermittlung funktioniert nur über Sprachcomputer.

Mit Hilfe sprecherischer Ausdrucksmittel kommentieren wir gewissermaßen unser Denken und Fühlen – wir modulieren, gliedern, akzentuieren und individualisieren dadurch unsere Äußerungen und geben ihnen durch diese Variabilität den aktuellen Sinn. »Technisch« geschieht dies durch unterschiedliche Muskelspannungen in den Artikulationsorganen, durch die Verschiedenartigkeit der Atemspannung, durch die Melodieführung, die Klangfarbe der Stimme, Pausensetzungen und Modifizierung der Sprechgeschwindigkeit.

Die Sprechausdrucksmittel tragen nicht nur dazu bei, dass Sinn entsteht, sie offenbaren auch unseren Kommunikationswillen, unsere Energie und Empathie den Kommunikationspartnern gegenüber.

Unsere Sprechausdrucksmittel entwickeln sich beim Aufwachsen und werden von vielen Faktoren beeinflusst, wie den Sprechmustern innerhalb der Familie und denen des sozialen Umfeldes, von Dialekten, Konventionen und kulturellen Prägungen. Denken Sie daran, wie gleichzeitig ähnlich und unterschiedlich die Sprechmuster von Menschen aus unterschiedlichen Regionen desselben Landes sind.

Im Alltag setzen wir unsere Sprechausdrucksmittel selten bewusst ein. Sprechausdruck »geschieht« und ist so individuell wie die Stimme und der Körperausdruck – dennoch ist er, wie alle kommunikativen Muster, veränderbar: Bei neuen Erfahrungen und Begegnungen im beruflichen oder sozialen Umfeld werden wir beeinflusst, beeinflussen andere und variieren darüber auch unsere Ausdrucksweise. So kann es geschehen, dass wir uns den Sprechmelodien unserer Gesprächspartner anpassen. Wir heben unsere Stimme plötzlich an für uns sonst ungewohnten Stellen an, beispielsweise dann, wenn ein Schweizer mit stark melodisch geprägtem Dialekt unser Gesprächspartner ist. Oder wir ahmen unbewusst die sprecherischen Muster derer nach, die wir bewundern oder schätzen. Neurowissenschaftler vermuten, dass die Spiegelneuronen im Gehirn, die für Empathie sorgen, dafür verantwortlich sind; wir imitieren andere unbewusst, um Gemeinsames herzustellen. Ebenso häufig werden wir vom Gähnen, Lachen oder Weinen anderer »angesteckt«.

Obgleich die einzelnen Elemente der Sprechausdrucksmittel untrennbar ineinander und nebeneinander verlaufen und sich gegenseitig bedingen, werden sie in diesem Buch zu ihrer Erläuterung und zu Übungszwecken in die einzelnen Bestandteile aufgegliedert.

Zu den Textbeispielen

Die nachfolgenden Satz- und Textbeispiele sollen Ihnen ermöglichen, sich der Elemente eigener Sprechausdrucksmuster bewusster zu werden. Durch Ausprobieren verschiedener Intentionen und Haltungen können Sie lernen, Ihren Sprechausdruck zu variieren und auch im Alltag zu verändern – wenn Sie das wünschen. Um unterschiedliche Leserkreise anzusprechen, wurden hier Texte der Alltags- sowie der Literatursprache ausgewählt. Zudem bergen literarische Texte viele sprecherische Möglichkeiten, mehr als beispielsweise Sachtexte. Sie können darüber Ihr Repertoire an Ausdrucksmitteln bereichern und in Ihren eigenen berufsspezifischen (oder privaten) Kontext übertragen.

Es ist wichtig, dass Sie die Beispielsätze oder -texte laut lesen. Zwar »hören« wir uns auch beim Lesen, jedoch lesen wir meist ohne Kommunikationsabsicht, wodurch die entscheidende Motivation und Zielsetzung des Mündlichen fehlt. Stellen Sie sich daher grundsätzlich immer vor, zu wem und aus welcher Situation heraus Sie sprechen – hier werden einige Vorschläge dazu gegeben.

Sie werden einen noch größeren Lerneffekt erzielen, wenn Sie Ihre Sprechproben aufzeichnen, z.B. mit einem Diktiergerät oder Handy, und sich selbst im Anschluss »von außen« hören. Anfangs ist das sehr ungewohnt und vielen Leuten sogar unangenehm – die Stimme klingt fremd. Das liegt daran, dass wir gewohnt sind, uns selbst nur »von innen« zu hören. Meist gibt sich jedoch dieser unwillkommene Höreindruck nach einer Weile.

Hörübungen schulen Sie in Ihrer Selbstwahrnehmung sowie darin, detaillierter mit Wirkungskriterien umzugehen – also formulieren zu lernen, was Sie an Ihrem Sprechen beeindruckt (oder irritiert) hat. So beugen Sie undifferenzierten und wertenden Feedbacks wie »gut« oder »schlecht« vor. Sie können durch das Abhören Ihrer Aufnahmen erfahren, ob Sie selbst von Ihren jeweils neuen Sprechabsichten und Haltungen überzeugt sind und wenn ja, was spezifisch Sie angesprochen hat.

Nehmen Sie schließlich so viel wie möglich aus den Übungen des Kapitel A mit in diesen sprecherischen Übungsteil, etwa die körperliche Aufrichtung, das Freisetzen des Atems und der Stimme sowie die Zielgerichtetheit Ihrer Aussagen. Achten Sie besonders auf die Lernziele, die Sie sich bisher gesetzt haben – wie den Nacken beim Sprechen aufgerichtet zu lassen oder den Bauch nicht anzuspannen.

Zu den paraverbalen Mitteln gehören im Wesentlichen:

- Akzentuierung bzw. Betonung
- Klangfarbe
- Tempo und Pausierung
- Artikulation

In den folgenden Artikeln werden diese sprecherischen Mittel ausführlich vorgestellt.

Akzentuierung bzw. Betonung

Zu den wichtigsten sprecherischen Mitteln zählen die Betonungen, denn sie tragen am meisten zur Sinnentstehung bei. Grundsätzlich betonen wir das, was für uns inhaltlich das Wesentlichste ist. Betonungen werden auf vielerlei Weise erzielt, zum Beispiel durch Akzentuieren einzelner Silben, einzelner Worte oder ganzer Aussagen.

Die Betonung von Silben ist im Wesentlichen festgelegt; wir sagen »Währung!« und nicht »Währung!« oder »Gelegenheit« und nicht »Gelegenheit«.

Ganze Aussagen akzentuieren wir weniger oft, nur dann, wenn wir etwas sehr ausdrücklich und nachhaltig sagen wollen wie »Nie wieder Krieg!«

Die Akzentuierung einzelner Worte stellt die größte Gruppe Sinn verändernder Betonungen dar. Der Wortakzent ist abhängig vom gemeinten Inhalt und bietet daher zahlreiche Varianten. Schon bei dieser kurzen Zwei-Wort-Aussage »Er kommt« stehen uns zwei Betonungsvarianten zur Auswahl: Wir sagen »Er kommt«, wenn wir beispielsweise lange auf *ihn* gewartet haben, wir sagen »Er kommt«, wenn wir mit *ihr* gerechnet hatten. Der Gesprächspartner kann aufgrund der Betonung und des entsprechenden körperlichen Gestus erkennen, was gemeint ist.

Werden zu viele Worte in einer Aussage akzentuiert, so zeugt das meist von unklarem, unentschiedenem Denken der sprechenden Person, und der Hörer bleibt ebenso im Unklaren über das Wichtigste der Aussage.

Grundsätzlich gilt daher, dass nur ein Wort den Hauptakzent in einer (kurzen) Aussage trägt. Sollte eine Nebenbetonung aus inhaltlichen oder strukturellen Gründen nötig sein, so wird sie weniger stark akzentuiert als die Hauptbetonung.

Betonungen stellen wir meistens mit Hilfe dreier sprecherischer Mittel her, die fast immer in Kombination miteinander auftreten:

- durch die Veränderung der Tonhöhe (Intonation)
- durch die Veränderung der Lautstärke (Dynamik)
- durch die Tonhaltedauer (Temporaler Akzent)

Nachfolgend werden diese drei Ausdrucksmittel einzeln erläutert.

Betonung durch Tonhöhenveränderung

Unter Intonation wird das An- und Absteigen der Sprechtöne verstanden – daraus ergibt sich der Melodieverlauf eines Gedankenbogens (einer Aussage).

Gewisse Redesituationen rufen ein besonders großes Spektrum melodiösen Sprechens hervor, wie beim Vorlesen von Märchen oder

Kommentieren von Fußballspielen. Doch das sind eher Ausnahmen des Sprechens, die auf Dauer vom Gegenüber sicherlich als zu aufdringlich empfunden werden.

Sich ständig wiederholende Tonhöhenänderungen sind in der Regel nicht an den Sinn gebunden und daher ein angewöhntes Muster des Sprechens, das beispielsweise dialektal begründet sein kann. Wir bezeichnen diese stetig gleiche Melodieführung als »Singsang«; sie wirkt trotz starker Variabilität durch ihre Wiederholung und Gleichförmigkeit monoton.

Die Intonation am Satzende wird in drei verschiedene Gruppen untergliedert, in sogenannte Kadenzen – in fallende, schwebende und steigende Melodieverläufe. Die größte Sinngebung wird der fallenden Kadenz zugeschrieben.

Fallende Kadenzen

Unter »fallender Kadenz« ist zu verstehen, dass der Melodiebogen am Ende der Aussage abfällt. Der Ton wird tiefer und »fällt« meist in die untere Stimmlage.

Häufig beginnt bei solchen Intonationen der Sprech(Gedanken)bogen auf einer bestimmten Tonhöhe, steigt danach leicht an, weil auf etwas Bestimmtes »hingedacht« wird, und fällt wieder ab, weil der Gedanke vollendet ist.

Grafisch lässt sich das so darstellen:

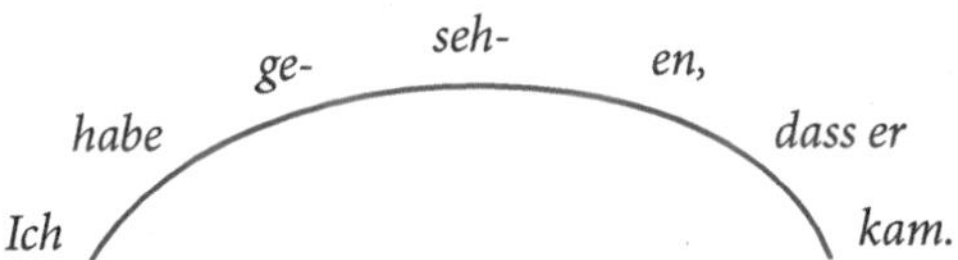

Der tiefste Ton liegt in der Regel auf der letzten Silbe, nicht auf dem gesamten letzten Wort.

Die fallende Kadenz wird dann benutzt, wenn ein Sinnschritt abgeschlossen ist, also der Gedanke zu Ende gedacht und ausgesprochen ist. Dieser »Punkt« am Ende trennt die Gedanken voneinander und erleichtert den Zuhörenden das Verstehen. Außerdem ist das Absenken der Stimme zumeist damit verknüpft, dass sich die Stimmorgane entspannen und reflektorisch neuer Atem mit dem nächsten Gedanken einfallen kann; somit wird auch genügend Atem für die nächste Aussage zur Verfügung stehen.

In der Regel wird die fallende Kadenz bei Feststellungen, Zustimmungen, Informationen, Bitten oder Ausrufen benutzt.

■ Übung

Sprechen Sie die folgenden Aussagen als Feststellungen mit fallender Intonation.

Die Couch ist grün.
Da hast du Recht.
Es folgen die Nachrichten.
Mach doch das Fenster zu.
Das kann nicht sein!
Her damit!
Sehr geehrte Damen und Herren!
Viele Köche verderben den Brei.
Wale sind Säugetiere.
Dirk und Daniel sind Zwillinge.
Ich freue mich, dass ihr alle da seid!

Wenn Sie sich momentan in relativ unemotionaler Weise der Lektüre dieser Übungen widmen, wird Ihre Sprechmelodie wahrscheinlich »problemlos« am Ende abgefallen sein.

Stellen Sie sich im Gegensatz dazu vor, Ihre neu bezogene Couch wurde versehentlich nicht mit dem gewünschten blauen Stoff bezogen. Sie werden »Die Couch ist grün« in völlig anderer Emotion, möglicherweise entsetzt als Frage formulieren; Ihre Kadenz wird nicht automatisch fallen.

Intonation bei Fragen

Auch am Ende von Fragen senkt sich die Melodie häufig ab, vor allem bei den W-Fragen, trotz des verbreiteten Irrglaubens, die Stimme habe sich bei Fragen immer anzuheben. Manchmal werden sogenannte rhetorische Fragen gestellt, die zu sprachlichen Stilmitteln zählen und keine Antwort erwarten – auch bei diesen senkt sich in der Regel der Melodieverlauf.

Übung

Probieren Sie, welche Intonation die folgenden Fragen nehmen:

Wann hast du eigentlich Geburtstag?
Was machen Sie beruflich?
Wo finde ich die besten Informationen?
Wer geht da schon mit?
Ist ja übel, wer macht denn so was?

Wahrscheinlich werden Sie es als »organischer« empfunden haben, mit fallender Kadenz zu sprechen – sofern Sie folgenden oder ähnlichen Kontext hergestellt haben:

Wann hast <u>du</u> eigentlich Geburtstag? (Meinen kennst du bereits.)
Was machen <u>Sie</u> beruflich? (Was ich tue, wissen Sie.)
Wo finde ich die <u>besten</u> Informationen? (Diese reichen mir nicht aus.)
Wer geht <u>da</u> schon mit? (Das Ziel scheint nicht interessant zu sein.)
Ist ja übel, wer macht denn <u>so</u> was? (Einen so bösen Streich zu spielen …)

Intonation bei Nachdrücklichkeit

Fallende Kadenzen dienen auch dazu, den Aussagen mehr Nachdruck zu verleihen.

Übung

Achten Sie bei den folgenden etwas längeren Aussagen auch auf die extraverbalen Parameter, also auf unterstützende Gestik und Mimik. Nehmen Sie während des Sprechens wahr, aus welcher Situation heraus Sie sich äußern könnten. Geben Sie den Aussagen deutlichen Nachdruck, und enden Sie in abgesenkter Melodie.

Zeichnen Sie Ihre Übung wieder auf.

Ich habe gesagt, dass du mein Auto nicht fahren sollst!
Es wird schon hell, und ich habe immer noch nicht geschlafen.
Hör doch auf mit deiner Moralpredigt!
Ich freue mich total auf den Urlaub!
Heute möchte ich mal kochen.
Wir müssen Energie sparen, wo immer es geht!

Ab sofort rauche ich wirklich nicht mehr!
Jetzt lass mich doch endlich mal in Ruhe!
In dieser Woche habe ich schon zwei Referate gehalten.

Hören Sie Ihre akustischen Aufzeichnungen ab, und registrieren Sie, ob Sie durch die fallende Kadenz bestimmt und überzeugt wirken, oder ob es noch größeren sprecherischen Nachdrucks bedarf, zum Beispiel durch erhöhte Energie, auf die mehr Atemkraft folgt.

Intonation als Gliederungshilfe

Die nächsten beiden Übungen zielen darauf, mit Hilfe fallender Kadenzen sogenannte Sinnschritte, also kleinere Sinneinheiten, zu gliedern.

■ Übung

Sprechen Sie den nachfolgenden Text, senken Sie Ihre Stimme am Ende der einzelnen Sinnschritte/Gedanken in Ihren unteren Sprechstimmbereich ab, und lassen Sie von selbst neuen Atem einfallen.

Stellen Sie sich vor, ein Referat in einem Theaterseminar der Volkshochschule zu halten; stehen Sie am Besten aufrecht dabei:

Die Münchner Kammerspiele sind im Jahr 2009 zum Theater des Jahres gewählt worden. Nach diesem Erfolg hatte sie der Intendant Frank Baumbauer nach achtjähriger Leitung verlassen. Davor war Baumbauer zunächst in Hamburg und später in Basel tätig. Er schaffte es jedes Mal, seine Bühnen zu den wichtigsten in der deutschsprachigen Theaterlandschaft zu machen. 2010 hat Johan Simons die Intendanz der Kammerspiele übernommen. Vorher war er viele Jahre künstlerischer Leiter in Gent. Schon in der ersten Spielzeit wurden interessante Inszenierungen von namhaften Regisseuren dargeboten. Karin Henkel inszenierte zum Beispiel das »Nachtasyl« von Gorki.

Wahrscheinlich wird diese Informationsrede mit ihren relativ kurzen Aussagen und abgesenkter Stimmmelodie am Ende eher sachlich und nüchtern wirken. Hier orientiert sich die Sprechweise auch an den Satzzeichen, den Punkten, was bei Weitem nicht grundsätzlich der Fall ist.

Im Schriftlichen sind die Sätze oft länger und verschachtelter als im Mündlichen, sie bestehen meist aus mehreren Satzgliedern mit verschiedenen Sinneinheiten. Es ist nicht ratsam, die Stimme nach jedem

Sinnschritt abzusenken – das würde den Text zerstückeln und außerdem monoton wirken.[18]

Probieren Sie, den folgenden Text durch fallende Kadenzen zu gliedern und gleichzeitig den Spannungsbogen des Textes zu erhalten, seine Zusammengehörigkeiten bestehen zu lassen.

Sprechen Sie den Auszug aus Georg Büchners Novelle »Lenz«[19] so, als wollten Sie jemandem die im Text beschriebene Situation und Stimmung verdeutlichen.

Die Melodie senkt sich dabei langsam ab und hat ihren tiefsten Ton meist auf der letzten Silbe. Die Pfeile schlagen die fallende Kadenz vor und stehen vor dem tiefsten Ton.

Nehmen Sie sich Zeit zum Atmen; lassen Sie nach jedem Absenken der Stimme neuen Atem einfallen.

»Die Tür war verschloss↓en; er ging ans Fenster, durch das ein Lichtschimmer fl↓iel. Eine Lampe erhellte fast nur einen Pun↓kt: ihr Licht fiel auf das bleiche Gesicht eines Mädchens, das mit halb geöffneten Augen, leise die Lippen bewegend, dahinter ruht↓e. Weiter weg im Dunkel saß ein altes Weib, das mit schnarrender Stimme aus einem Gesangbuch sa↓ng. Nach langem Klopfen öffnete s↓ie; sie war halb t↓aub. Sie trug Lenz einiges Essen auf und wies ihm eine Schlafstelle an, wobei sie beständig ihr Lied forts↓ang. Das Mädchen hatte sich nicht ger↓ührt. Einige Zeit darauf kam ein Mann her↓ein; er war lang und hag↓er, Spuren von grauen Haaren, mit unruhigem, verwirrtem Ges↓icht. Er trat zum Mädch↓en, sie zuckte auf und wurde unruh↓ig. Er nahm ein getrocknetes Kraut von der Wand und legte ihr die Blätter auf die H↓and, so dass sie ruhiger wurde und verständliche Worte in langsam ziehenden, durchschneidenden Tönen summt↓e.«

Vielleicht scheint es Ihnen ebenfalls sinnvoll, die Stimme nach »hager«, »Mädchen«, »Hand« abzusenken, obgleich den Worten Kommata folgen: Das Mündliche richtet sich häufig nicht nach schriftsprachlichen

18 Ebenso kann die Melodie nicht nach jedem Sinnschritt oben bleiben, so wie es bei Aufzählungen der Fall ist. Im nächsten Abschnitt wird darauf näher eingegangen.

19 Georg Büchner: Lenz, S. 19

Regeln, so dass die fallende Kadenz auch ohne Punktsetzung sinnvoll ist. Die oben markierte, relativ häufig vorkommende fallende Kadenz bringt gleichzeitig ein geringes, beschreibendes Sprechtempo mit sich.

Grundsätzlich entscheidet die sprechende Person darüber, was betont wird. Ihre Wahl hängt davon ab, wie sie die Gesamtsituation und die Stimmung interpretiert – allerdings beeinflussen auch persönliche Muster des Sprechens unbewusst die Akzentuierungen.

Schwebende Kadenzen

Unter »schwebender Kadenz« wird verstanden, dass die Stimmmelodie am Ende der Aussage auf ähnlicher Tonhöhe bleibt wie bei den vorangegangenen Worten – sie fällt weder ab, noch steigt sie wesentlich an, sie »schwebt« eher.

Dies geschieht vor allem dann, wenn ein Gedanke noch nicht abgeschlossen ist und auf Weiteres verweist. Häufig auch dann, wenn der Sprechende unentschieden ist, auf Zustimmung wartet oder Nebengedanken hat, die er in Zwischeneinschübe einflicht. Auch Aufzählungen oder Wiederholungen werden regelhaft in schwebender, also weiterführender Intonation gesprochen.

■ Übung

Sprechen Sie die nachstehenden Aussagen unter Benutzung der schwebenden Kadenz – bleiben Sie am Ende auf ähnlicher Tonhöhe.

Stellen Sie sich vor, unentschieden zu sein, noch zu grübeln:

Hm, ich weiß nicht.
Ja, wenn das so ist …

Sprechen Sie die Aufzählungen und Wiederholungen unter Benutzung der schwebenden Kadenz:

Sie fahren erst links, dann rechts, dann wieder links.
Erst hatte ich Husten, dann Schnupfen, dann Halsweh.
Komm, komm, gib es doch zu.
Das habe ich nie, nie gesagt!

Die schwebende Intonation trägt dazu bei, den Spannungsbogen von Aussagen zu erhalten, die einen oder mehrere Nebengedanken haben.

Würde sich die Stimme nach jeder Teilaussage absenken, wäre die Zusammengehörigkeit der gesamten Aussage zertrennt. In solch einem Fall bliebe dem Hörer unklar, was Einschub, was Hauptaussage ist.

Übertragen Sie die Übung in den Büchner-Textauszug, dieses Mal unter Berücksichtigung der weiterführenden Melodiebewegung in den Zwischeneinschüben und Aufzählungen. Achten Sie auch darauf, dass Sie die Einschübe nicht »durchsprechen«, so als wären es keine solchen.

Beidem, sowohl dem Zertrennen der Aussagen wie dem Durchsprechen, können Sie mit Hilfe schwebender und fallender Kadenzen entgegenwirken – und somit den Spannungsbogen des Textes realisieren.

Wieder schlagen die nach unten gerichteten Pfeile vor, die Sinnschritte dort abschließen zu lassen und somit die Tonhöhe an dieser Stelle abzusenken.

Die waagrechten Pfeile stehen vor der Silbe, die in schwebender Kadenz gesprochen werden sollte. Nehmen Sie wahr, ob es für Sie passt, nach diesen Worten nicht zu atmen bzw. den Atem nur kurz reflektorisch einfallen zu lassen, »nachzuatmen« – das trägt dazu bei, den Gedankenbogen zu halten.

»Die Tür war verschloss↓en; er ging ans Fenst→er, durch das ein Lichtschimmer f↓iel. Eine Lampe erhellte fast nur einen Pun↓kt: ihr Licht fiel auf das bleiche Gesicht eines Mädch→ens, das mit halb geöffneten Aug→en, leise die Lippen beweg→end, dahinter ruht↓e. Weiter weg im Dunkel saß ein altes Wei→b, das mit schnarrender Stimme aus einem Gesangbuch sa↓ng. Nach langem Klopfen öffnete s↓ie; sie war halb t↓aub. Sie trug Lenz einiges Essen →auf und wies ihm eine Schlafstelle →an, wobei sie beständig ihr Lied forts↓ang. Das Mädchen hatte sich nicht ger↓ührt. Einige Zeit darauf kam ein Mann her↓ein; er war lang und hag↓er, Spuren von grauen Haar→en, mit unruhig→em, verwirrtem Ges↓icht. Er trat zum Mädch↓en, sie zuckte auf und wurde unruh↓ig. Er nahm ein getrocknetes Kraut von der W→and und legte ihr die Blätter auf die H↓and, so dass sie ruhiger wurde und verständliche Worte in langsam ziehend→en, durchschneidenden Tönen summt↓e.«

Hören Sie Ihre akustischen Aufzeichnungen ab, und beurteilen Sie, ob es Ihnen gelang, die Spannung des Textes unter anderem durch die schwebenden Kadenzen herzustellen und ihn durch die fallenden Intonationen zu gliedern.

Steigende Kadenzen

Wie der Name besagt, hebt sich die Sprechmelodie bei der steigenden Kadenz am Ende an. Manche Leute haben die Angewohnheit, ihre Stimme in fast jeder Aussage anzuheben, dabei oft sogar in extreme Höhen zu quieken. Diese Angewohnheit wird als »Hochschluss« bezeichnet. Er kann für die Hörenden auf Dauer anstrengend sein, denn sie wissen dann nicht genau, wann die Sinneinheit endet, wann die Person »auf den Punkt« kommt.

Grafisch lässt sich das so darstellen:

Steigende Kadenzen sollten regelhaft nur dann benutzt werden, wenn eine Frage gestellt wird, auf die auch eine Antwort erwartet wird, oder bei einer Aussage, die eine Nachfrage darstellt.

■ Übung

Sprechen Sie die folgenden Fragen mit dem Wunsch, eine Antwort zu erhalten. Betonen Sie die Silbe, vor der sich der Pfeil befindet in steigender Kadenz:

Heißt du Sab↑ine?
Liebst du auch die Berg↑e?
Soll es Morgen regn↑en?
Findest du die roten Rosen sch↑ön?
Ist das ein ↑iPhone?

Wenn Sie die Stimme beim letzten Wort anheben und es gleichzeitig betonen, werden Sie wahrscheinlich feststellen, dass die Fragen in einem bestimmten Kontext gestellt werden wie:

Heißt du Sabine? (Ich dachte, Christine.)
Liebst du auch die Berge? (Oder nur das Meer?)
Soll es Morgen regnen? (Ich dachte, es bleibt trocken.)

Findest du die roten Rosen schön? (Oder hässlich?)
Ist das ein iPhone? (Oder ein Handy?)

➲ Notieren Sie sich im Kapitel C unter »Sprechausdruck – Intonation« (S. 150), welche Beobachtungen Sie zu Ihrer Melodieführung machen und welche Veränderungswünsche Sie haben.

Betonung durch Lautstärkenveränderung

Die Grundlautstärke beim Sprechen hängt von den Räumlichkeiten, von der Nähe bzw. Distanz zu den Kommunikationspartnern und von persönlichen Angewohnheiten ab. Außerdem spiegelt die Grundlautstärke den inneren emotionalen Erregungsgrad wieder. Dieser kann sich durch sehr hohe wie sehr niedrige Lautstärke äußern und gleichermaßen durch ebensolche gesamtkörperlichen Spannungszustände mit entsprechender Atemenergie (Atemdruck).

Zur Sinngestaltung trägt weniger die Grundlautstärke als die Veränderung der Lautstärke während einer Aussage bei, die sogenannte Dynamik. Die Lautstärkeänderung zählt zu den Betonungsmitteln, weil durch sie ebenfalls Wesentliches hervorgehoben wird.

Viele neigen dazu, ihre Lautstärke am Ende einer Aussage zurückzunehmen - dadurch wird dann meist das letzte Wort »vernuschelt«. Oft geschieht dies, wenn die sprechende Person ihre Sprechabsicht nicht bis zum Schluss aufrecht erhält, sondern scheinbar kurz vorher aufgehört hat, (an ihr Gegenüber) zu denken. Ein weiterer Grund für leise, undeutlich artikulierte Endungen liegt darin, dass der Sprecher schon beim nächsten Gedanken ist - der Gedanke »läuft« dabei dem Sprechen davon.

Manche Sprecher werden auch deshalb am Ende leiser, weil sie vor langen Äußerungen nicht genug Atem schöpfen; ihre Atemspannung reicht dann nicht mehr bis zum Ende aus.

Das Zurücknehmen der Lautstärke kann auch ein Zeichen von Verunsicherung sein oder zumindest als solches wirken.

Andere Sprecher wiederum erhöhen häufig ihre Lautstärke gegen Ende der Äußerung, was forsch oder stark fordernd wirken kann, beinah wie ein Befehl.

Lautstärkeänderungen gehen fast immer mit melodiösen Veränderungen und kurzen vorangehenden Zäsuren einher und werden zur Wort- wie zur Satzakzentuierung eingesetzt.

■ Übung

Probieren Sie aus, welche unterschiedlichen Sinnvarianten durch verschiedene Lautstärkebetonungen einzelner Worte entstehen. Akzentuieren Sie die unterstrichenen Wörter entsprechend.

Zwei Tänzer bilden ein Tanzpaar.
Zwei Tänzer bilden ein Tanzpaar. (Und nicht drei Tänzer.)
Zwei Tänzer bilden ein Tanzpaar. (Und keine Schwimmer.)
Zwei Tänzer bilden ein Tanzpaar. (Und keine zwei Tanzpaare.)
Zwei Tänzer bilden ein Tanzpaar. (Und kein Ehepaar.)

Probieren Sie anhand des »Vorworts« von Wilhelm Buschs »Max und Moritz« [20] aus, wie das Anheben der Lautstärke von mehreren Aussagen hintereinander dazu beiträgt, die Aufgebrachtheit der sprechenden Person zu betonen.

Lassen Sie Ihren Körper »mitspielen«, und achten Sie auch darauf, dass Sie Ihren Bauch nicht anspannen, so dass Ihr Atem frei bleiben kann.

»Ach, was muß man oft von bösen
Kindern hören oder lesen!!
Wie zum Beispiel hier von diesen,
Welche Max und Moritz hießen;
Die, anstatt durch weise Lehren
Sich zum Guten zu bekehren,
Oftmals noch darüber lachten
Und sich heimlich lustig machten. –
– Ja, zur Übeltätigkeit,
Ja, dazu ist man bereit! –
– Menschen necken, Tiere quälen,
Äpfel, Birnen, Zwetschgen stehlen –
Das ist freilich angenehmer
Und dazu auch viel bequemer,
Als in Kirche oder Schule
Festzusitzen auf dem Stuhle. –
– Aber wehe, wehe, wehe!
Wenn ich auf das Ende sehe!! –

---

20 Wilhelm Busch: Ausgewählte Werke, S. 34

– Ach, das war ein schlimmes Ding,
wie es Max und Moritz ging.
– Drum ist hier, was sie getrieben,
Abgemalt und aufgeschrieben.«

Um der Empörung des Sprechers Ausdruck zu verleihen, bietet es sich an, den stark wertenden Text von »Ja, zur Übeltätigkeit« bis zu »Festzusitzen auf dem Stuhle« in steigender Lautstärke zu sprechen. Wenn Sie danach die Lautstärke bis zum Ende eher wieder abfallen lassen, so schließt das zum einen das »Vorwort« ab und macht andererseits durch die dramatischen Andeutungen neugierig auf das, was erzählt werden wird.

➲ Notieren Sie sich im Kapitel C unter »Sprechausdruck – Lautstärke« (S. 151) Details zu Ihren Beobachtungen.

Betonung durch Tonhaltedauer

Als drittes Akzentuierungsmittel trägt in Kombination mit der Veränderung der Lautstärke und des Melodieverlaufs das zeitlich kurze Verweilen auf einer Silbe bei – das verlängert diese und betont das Wort dadurch.

Meist wird im Deutschen der Ton auf Vokalen gehalten, sie werden dann als »lange Vokale« bezeichnet. Die Verweildauer ist dabei individuell oder dialektal verschieden ausgeprägt. Wichtig ist, dass ein hörbarer Unterschied zwischen den langen und kurzen Vokalen getroffen wird, damit sich gemeinter Sinn erschließen kann. Wenn bei dem Wort »Hase« der Ton nicht eine Weile auf dem »*a*« gehalten wird, kann schnell ein »[ich] hasse« daraus werden.

Der Wechsel von betonten und unbetonten (langen und kurzen) Silben trägt außer zur Sinnherstellung auch zum Rhythmus des Sprechens bei. Viele lyrische und dramatische Texte basieren auf sich wiederholenden Mustern eines Wechsels zwischen langen und kurzen Vokalen, zwischen Hebungen und Senkungen, und verweisen damit auf den Sprechrhythmus.

■ **Übung**

Probieren Sie an einigen Wortbeispielen aus, die langen deutlich von den kurzen Vokalen zu unterscheiden:

lang	**kurz**
Ofen	*offen*
Mode	*Motte*
Ostern	*Osten*
wohnen	*wollen*
Moos	*Most*
Uhr	*Ulk*
Nudel	*Nuss*
Spuk	*Spucke*
Schule	*Schuld*
Mut	*muss*
Sahne	*Sache*
Gras	*krass*
Jagd	*Jacke*
Dame	*Damm*
Saat	*satt*
Esel	*essen*
Degen	*decken*
Wehe!	*Wette*
Heer	*Herr*
Beet	*Bett*
Biene	*Bitte*
Miete	*Mitte*
Gier	*Gicht*
Tier	*Tick*
Ziel	*Zicke*
Öfen	*öffnen*
Röte	*Röcke*
Übel	*üppig*
Lüge	*Lücke*

Klangfarbe

In der Einführung zum Unterkapitel »Die Stimme teilt mit« (S. 58) ist ausführlich über die Stimme und ihren emotionalen Kontext geschrieben worden: Die Klangfarbe der Stimme gibt Auskunft darüber, was die sprechende Person empfindet, denn Gefühle verändern die Spannung in den Atem- und Stimmorganen und beeinflussen dadurch den Stimmklang.

Stimmen können zart, verhaucht, kräftig oder warm klingen, eng, dumpf, zittrig, müde, energetisch etc. Die Stimme ist Ausdruck der zahlreichen Nuancen persönlichen Empfindens, das durch emotionale Zustände wie durch Trauer, Freude, Verliebtheit, Skepsis, Neugier, Stolz, Zärtlichkeit, Unruhe, Ausgelassenheit, Desinteresse etc. ausgelöst wird.

Eine in Zorn oder Aufregung gesprochene Aussage klingt beispielsweise heiser oder hoch – denken Sie an typische Wahlkampfreden im Parlament –, eine in Trauer gesprochene Äußerung klingt vielleicht verhaucht oder zittrig.

■ Übung

Versuchen Sie sich im folgenden Übungsteil in verschiedene Gefühlssituationen hineinzuversetzen, und nehmen Sie wahr, wie sich darüber die Klangfarbe Ihrer Stimme ändert. Geben Sie den Aussagen starken emotionalen Gehalt, und übertreiben Sie dabei zu Ihrer Verdeutlichung. In der schauspielerischen Arbeit gilt die Aussage: »Wegnehmen kann man immer noch!«

Stellen Sie sich beim Sprechen des nachfolgenden Satzes diese Situation vor: Es hat an Ihrer Wohnungstür geläutet, und Sie öffnen die Tür. Davor stehen zwei Bekannte, die Sie zwar nicht eingeladen, aber an die Sie gerade kurz zuvor gedacht hatten. Sprechen Sie in dieser Haltung diese Aussage:

»Hallo, das ist ja eine Überraschung, dass ihr jetzt kommt!«

Klingt Ihr Sprechen (freudig) erstaunt? Ist Ihre Stimme dabei vielleicht laut und melodiös?

Stellen Sie sich die Situation ein wenig anders vor: Es ist bereits spät abends, als Ihre beiden Bekannten an Ihrer Wohnungstür läuten. Sie sind beunruhigt über den späten Besuch und fürchten sich vor einer schlechten Nachricht. Sprechen Sie die Aussage mit dieser Vorstellung erneut:

»Hallo, das ist ja eine Überraschung, dass ihr jetzt kommt!«

Klingt Ihre Stimme bei dieser Vorstellung eventuell tief, dumpfer und leise?

Probieren Sie aus, dieselbe Äußerung in weiteren verschiedenen Stimmungen zu sprechen:

- ironisch, weil Sie bereits seit Stunden mit dem Essen auf Ihre Bekannten warten
- irritiert, weil Sie Ihre Bekannten erst morgen erwartet hatten
- vorsichtig/misstrauisch, weil Sie sich vor Wochen mit Ihren Bekannten entzweit und den Kontakt abgebrochen hatten
- freudig überrascht, weil Sie sich schon seit Tagen vorgenommen hatten, Ihre Bekannten zu sich einzuladen

Achten Sie darauf, dass sich die Klangfarbe Ihrer Stimme deutlich mit Ihrer Stimmung ändert. Zeichnen Sie Ihre Aussagen in den sechs unterschiedlichen emotionalen Haltungen hintereinander auf, und überprüfen Sie beim Abhören, ob die vorgestellt Situation »hörbar« ist.

Erweitern Sie die Übung, indem Sie den folgenden Dialog von Robert Gernhardt[21] sprechen. Achten Sie auf die verschiedenen Stimmungen der beiden Sprechenden, und geben Sie diesen deutlichen Ausdruck.

Lassen Sie nach jeder Aussage neuen Atem einströmen, und lassen Sie auch zu, dass Ihr Körper »mitspielt«:

DAS WAR NICHT
Ach Liebling, weißt du noch? Wir in Volterra
– Das war nicht Volterra, das war Orvieto
Dieser herrliche Dom! Mit den Fresken von Giotto
– Das war nicht Giotto, das war Singnorelli
Und dann das Essen! Zu rotem Orvieto
– Der war nicht rot, der war weiß, der Orvieto

21 Robert Gernhardt: Im Glück und anderswo, S. 257

raspelte der Wirt den frischen Steinpilz
– Das war kein Steinpilz, das war eine Trüffel
über die hausgemachten Penne
– Das warn keine Penne, das waren Gnocchi
Dann wir im Hotel. Direkt an der Piazza
– Das war nicht La Piazza, das war Il Parco
liebten wir uns zwischen seidenen Laken
– Die warn nicht aus Seide, die waren aus Leinen
und du schworst verzückt, ich sei schlichtweg vollkommen
– Ich war nicht verzückt. Ich war schlicht vollkommen weg.

Alle bis hierhin genannten Betonungsmittel zielen auf eine deutliche Akzentuierung. Jedoch ist es wichtig, dass eine Aussage nicht zu viele Betonungen aufweist, da ansonsten ihren Teilaspekten gleiche oder ähnliche Gewichtung verliehen wird – das beeinträchtigt das Verstehen des Gesamten.

➲ Notieren Sie sich im Kapitel C unter »Sprechausdruck – Klangfarbe« (S. 152) Details zu Ihren Beobachtungen.

Tempo und Pausierung

Zu den weiteren sprecherischen Parametern gehören die temporalen Faktoren. Sie lassen sich gliedern in das Grundtempo, in Temposteigerungen bzw. -reduzierungen und in Pausensetzungen beim Sprechen.

Ein hohes Grundtempo verlangt den Zuhörenden gesteigerte Aufmerksamkeit ab und kann sie auf Dauer ebenso ermüden wie ein sehr niedriges Grundtempo. Wenn das Sprechtempo sehr hoch ist und die Lautstärke- und Melodiebewegungen dabei intensiv sind, so zeugt das meist von gesteigerter Emotionalität. Ist das Grundtempo eher gleichförmig schleppend, können die Ursachen in Desinteresse oder Energielosigkeit liegen.

Wenn Ihr Mitteilungswille stark ist, sollte Ihr Sprechen je nach Situation energetisch und variabel sein; das Tempo trägt dazu bei.

Tempowechsel

Eine weitaus größere akzentuierende Wirkung als das Grundtempo haben die Wechsel des Sprechtempos. Sie tragen zur Strukturierung bei, indem Wesentliches verlängert (betont) und Nebensächliches verkürzt (»überflogen«) wird. Meist wird dabei ein gesamter Sinnschritt oder sogar mehrere betont (anders als bei der Tonhaltedauer, die nur eine Silbe verlängert/betont).

Fast automatisch ändern wir unser Sprechtempo bei Einschüben oder Nebengedanken – es ändern sich dabei also nicht nur Lautstärke und Melodie.

■ Übung

Achten Sie auf den Tempowechsel im Einschub:

> *»Sie sprach, obgleich sie nicht gefragt wurde, sehr lang und detailliert.«*

Wahrscheinlich werden Sie »obgleich sie nicht gefragt wurde« nicht nur leiser und in abgesenkter Tonhöhe, sondern auch schneller sprechen, wenn Ihr Aussagekern »sehr lang und detailliert« ist. Wollen Sie hingegen auf die Unverschämtheit oder den Mut der Sprecherin hinweisen, so werden Sie »obgleich sie nicht gefragt wurde« langsamer, lauter und in angehobener Melodie sprechen.

Berücksichtigen Sie bei dem folgenden Text von Heinrich von Kleist[22] die zahlreichen Einschübe, die einen Tempowechsel (nebst Intonations- und Dynamikwechsel) nach sich ziehen. Der hier vorgeschlagene Tempowechsel kann ansteigend oder verlangsamend sein; er ist mit TW bezeichnet:

> *DIE FABEL OHNE MORAL*
> *Wenn ich dich nur hätte, (TW) sagte der Mensch zu einem Pferde, das mit Sattel und Gebiß vor ihm stand, und ihn nicht aufsitzen lassen wollte; (TW) wenn ich dich nur hätte, wie du zuerst, (TW) das unerzogene Kind der Natur, (TW) aus den Wäldern kamst! (TW) Ich wollte dich schon führen, (TW) leicht, wie ein Vogel, dahin, über Berg und Tal, wie es mich gut dünkte; (TW) und*

22 Heinrich von Kleist: Sämtliche Werke, S. 994

dir und mir sollte dabei wohl sein. Aber da haben sie dir Künste gelehrt, Künste, von welchen ich, (TW) nackt, wie ich vor dir stehe, nichts weiß, (TW) und ich müsste zu dir in die Reitbahn hinein (TW) (wovor mich doch Gott bewahre) (TW) wenn wir uns verständigen wollten.

Der Text verlangt dem Sprecher viel Geschick bezüglich der Sinn gestaltenden Sprechbögen ab und lässt etliche Varianten zu.

Pausen

Pausen gliedern Sinneinheiten und werden in der Regel an das Ende eines Sinnschrittes gesetzt. Dadurch geben sie der sprechenden Person wie dem Gesprächspartner Raum zum Denken.

Viele nehmen sich nicht die angemessene Zeit, um mit dem neuen Gedanken auch neuen Atem zu schöpfen, vor allem dann nicht, wenn sie aufgeregt sind. Das kann unangenehme Folgen haben wie:

- Denkblockaden
- ein Gefühl von Druck und Kurzatmigkeit
- Versprecher
- ungünstige Stimmqualität

Erlauben Sie sich jeder Zeit, Atempausen zu nehmen; ein kleiner, nahezu unhörbarer Atemseufzer zwischen zwei Gedanken lässt Ihren Atmungsmuskeln die nötige Freiheit und wirkt sich gleichzeitig beruhigend aus.

Pausensetzung ist nicht nur zur Sinngliederung und für Denk- und Atempausen wichtig, sie beeinflusst auch die Sinngestaltung.

Eine Variante von Sinn gestaltenden Pausen ist die sogenannte Staupause. Sie wird so bezeichnet, weil sie den ausgehenden Phonationsatem (den Atem, auf dem gesprochen wird) für eine kleine Weile anhält.

Staupausen können Stilmittel dafür sein, die nachfolgende Aussage besonders zu betonen oder Spannung zu erzeugen – sie sind ein wenig länger als Zäsuren.

Übung

Sprechen Sie die folgenden Aussagen unter Verwendung einer Staupause. Lassen Sie weder Atem aus noch ein, so als hielten Sie für einen Moment die Luft an – ohne dabei Spannung in der Kehlmuskulatur zu bekommen.

Die vorgeschlagene Staupause ist mit SP gekennzeichnet:

Und dann (SP) haben wir gewonnen!
Das war ein (SP) wunderbares Wochenende.
Ich weiß nicht, ich (SP) glaub dir nicht.
Ich wollte Sie jetzt mit dieser Nachricht (SP) überraschen.
Du glaubst nicht, was ich dir mitgebracht habe: eine (SP) Katze!
Wenn Zuhörende nur halbherzig bei der Sache sind, kann eine Staupause (SP) manchmal Wunder wirken.

Staupausen kommen auch ungeplant vor, nämlich dann, wenn die sprechende Person noch auf der Suche nach den geeigneten Worten ist. Häufig sind diese Staupausen mit Füllseln wie »äh«, »hm« etc. verknüpft, weil viele Angst vor dieser Pause haben – dabei hilft es den sprechenden wie den hörenden Personen gleichermaßen, Zeit zum Denken zu haben!

Übung

Sprechen Sie zum Abschluss den literarisch anspruchsvollen Text von Kleist erneut unter Berücksichtigung aller bisher erwähnten sprecherischen Ausdrucksmittel: der Melodieführung, der Lautstärkeänderungen, der Klangfarbe, der Tempowechsel und der Pausensetzung. Zunächst wird der Text mit den bisher verwendeten Markierungszeichen aufgeführt, was Sie möglicherweise verwirren mag. In dem Fall wählen Sie die untere, unmarkierte Version für Ihre Sprechproben.

Zur Erinnerung: Pfeile kennzeichnen die Kadenzen, TW den Tempowechsel, SP die Staupausen und P die Pausen.

DIE FABEL OHNE MORAL

Wenn ich dich nur hätt↓e, (TW) sagte der Mensch zu einem Pfer↑de, das mit Sattel und Gebiß vor ihm st→and, und ihn nicht aufsitzen lassen wollt↓e; (TW) (P) wenn ich dich nur hätte, wie du zu↑erst, (TW) das unerzogene Kind der Nat→ur, (TW) aus den Wäldern k↓amst! (TW) (P) Ich wollte dich schon führ→en,

(TW) (SP) ↑leicht, wie ein Vogel, dahin, über Berg und T→al, wie es mich gut dünkt↓e; (TW) (P) und dir und mir sollte dabei wohl s↓ein. (P) Aber da haben sie dir Künste gel→ehrt, Künste, von welchen ich, (TW) n→ackt, wie ich vor dir stehe, nichts w↓eiß, (TW) und ich müsste zu dir in die Reitbahn hin→ein (TW) (wovor mich doch Gott bewahre) (TW) wenn wir uns verständigen wollt↓en.

DIE FABEL OHNE MORAL
Wenn ich dich nur hätte, sagte der Mensch zu einem Pferde, das mit Sattel und Gebiß vor ihm stand, und ihn nicht aufsitzen lassen wollte; wenn ich dich nur hätte, wie du zuerst, das unerzogene Kind der Natur, aus den Wäldern kamst! Ich wollte dich schon führen, leicht, wie ein Vogel, dahin, über Berg und Tal, wie es mich gut dünkte; und dir und mir sollte dabei wohl sein. Aber da haben sie dir Künste gelehrt, Künste, von welchen ich, nackt, wie ich vor dir stehe, nichts weiß, und ich müsste zu dir in die Reitbahn hinein (wovor mich doch Gott bewahre) wenn wir uns verständigen wollten.

➲ Halten Sie in Kapitel C unter »Sprechausdruck – Tempo und Pausen« (S. 153) fest, welches Ihre Beobachtungen und Veränderungswünsche sind.

Artikulation

Lautbildung

Die Artikulationsorgane Lippen, Zunge und andere Partien im Mund bilden Laute und verbinden sie zu Worten. Unter »Artikulation« wird zunächst dieser rein muskuläre Vorgang während des Sprechens verstanden. Die Artikulationsorgane funktionieren idealerweise so differenziert und flexibel, dass sie einzelne Laute und Worte deutlich voneinander unterscheiden.

Der lateinische Ursprung des Begriffes *articulare* bedeutet »gliedern«: Beim Artikulieren wird die Phonation durch die Artikulationsorgane unterbrochen, in Laute und Worte gegliedert.

Konsonanten

Dieses Unterbrechen geschieht auf der Lautebene durch die Konsonanten, denn sie entstehen durch Berühren zweier Artikulationsoberflächen – wie der Lippen bei »*b*«, der Zungenspitze am vorderen Gaumen bei »*n*« etc. Denken Sie zurück an die Übung im Kapitel zur Kraftstimme (S. 89), in der die Phonation häufig und schnell unterbrochen wird: »*papapapapapapapapá!*« – ohne das »*p*« würde der Ausatemstrom nicht gegliedert.

Damit die Konsonanten präzise und zugleich leicht gebildet werden können, müssen die Muskeln in Lippen und Zunge geschmeidig sein. Das können sie nur dann, wenn der Atem die optimale Spannung hat – denn jede zu starke oder zu geringe Atemspannung wirkt sich negativ auf die Spannung in Kehle, Kiefer, Zunge und Lippen aus (siehe Teil A, »Unökonomisches Atmen und Fehlatmungen«, S. 34ff.). Denken Sie an den extremen Fall von stotternden Menschen, deren Artikulation auch deshalb gehemmt sein kann, weil ihr Atem blockiert ist.

Das Freisetzen des Atems vom Zwerchfell aus verhilft zu geläufiger und fließender Artikulation – das erleichtert wiederum Zuhören und Verstehen. Die Konsonanten spielen also die wesentliche Rolle in der Artikulation und sind daher, sprachhistorisch gesehen, auch mehr Träger der inhaltlichen Bedeutungen als die Vokale.

Vokale

Die Vokale »brauchen« in erster Linie die Freiheit und Sensibilität der Stimme; sie tragen vermehrt emotionale Bedeutung. Wenn wir mit geöffnetem Mund schreien, weinen oder lachen, lassen sich die dabei entstehenden Geräusche eher den Vokalen zuordnen.

Die Vokale und Diphthonge werden durch Feineinstellungen und Formveränderungen im Kehle-Mundbereich während der Phonation erzeugt (siehe Übungen »Finden der mittleren bzw. unteren Sprechstimme durch Vokale«, S. 81 bzw. 84), aber sie unterbrechen, zerstückeln den Stimmklang nicht – bei ihrer Ausformung berühren sich die Artikulationsoberflächen nicht.

Die Artikulation ist in starkem Maße von der Klarheit der Gedanken abhängig. Linklater beschreibt das so: »Schwammiges Denken ist das grundlegende Hindernis für klare Artikulation«.[23]

---

23 Vgl. Linklater, S. 33

Im Vorgang des Artikulierens werden Gedankenbilder zu Wörtern geformt und damit präzisiert. Ist der Gedanke nicht präzise und somit die Artikulation zum Teil bloße motorische Bewegung, so wird das Sprechen meist undeutlich, vernuschelt und dadurch schwer verständlich. Außerdem kommt es dadurch auch zu Versprechern (wie gleichermaßen bei mangelnder Koordination zwischen Atmen und Sprechen).

Die Artikulation lässt sich deshalb auch zu den prosodischen Mitteln zählen, da sie vom Mitteilungswillen und also von der Beziehung zum Kommunikationspartner abhängig ist. Vielleicht kennen Sie die folgende oder eine ähnliche Situation: Wenn Sie müde oder übellaunig mit Ihrem Partner sprechen, muss er Sie öfter bitten, Ihre Aussagen zu wiederholen, da er Sie aufgrund Ihrer nachlässigen Artikulation nicht deutlich verstehen kann. Sind Sie dagegen voller Tatendrang und planen mit ihm den nächsten Urlaub, so wird dies wahrscheinlich nicht der Fall sein.

Es kommt vor, dass Menschen auch deshalb nicht mehr in der Lage sind, deutlich zu artikulieren, weil ihre momentane Emotion sehr groß ist: Der emotionale Gehalt der Aussage wird dann übergewichtig. In dem Fall geht die Energie mehr in die Stimme, und die Artikulation »überschlägt sich«.

■ Übung

Die Artikulationsorgane schaffen mit ihren schnellen Wechseln zwischen Konsonanten und Vokalen wahre Kunststücke der Feinmotorik. Mit den bekannten Zungenbrecherübungen kann man sie an ihre Grenzen bringen. Klares Denken schützt vor Versprechern!

Denken Sie, während Sie den bekannten Zungenbrecher »Fischers Fritz« sprechen, klar an einen Jungen, der am Meer steht und angelt und bereits den dritten Fisch im Eimer hat.

Fischers Fritz fischt frische Fische.

Visualisieren Sie dann die Fische im Eimer, den angelnden Jungen am Meer, und simulieren Sie die Erkenntnis, dass es das Kind des Fischers ist. Wahrscheinlich helfen die klaren Bilder dabei, die Artikulation zu vereinfachen.

Frische Fische fischt Fischers Fritz.

Probieren Sie es nun mit anderen Zungenbrechern.

Sehen Sie beim nächsten Beispiel einen Mercedes vor sich herfahren, dessen rote Bremslichter aufleuchten.

Wenn der Benz bremst, brennt das Benzbremslicht.

Sehen Sie nun einen molligen Mann hantierend auf dem Dach eines Hauses, von dem Sie wissen, dass dort ein Dichter wohnt.

Der dicke Dachdecker Dirk deckt des Dichters Dach.

Verdeutlichen Sie sich beim folgenden Zungenbrecher die Situation: den ständigen Wechsel der verschiedenen Mützen und Kappen, die von einem eifrigen Mitbegleiter des Knaben in der Auslage eines Geschäftes entdeckt und begutachtet werden.

Sitzt dir, Knabe, die Kappe zu knapp, dann setz die knappe Kappe ab! Nimm die da, du, die passt dir sicher! Nein, die da hier – nein, die da dort! Die da, du, die du jetzt hast, die da, du, die passt!

Auch der nächste Kalauer lässt sich leichter sprechen, wenn Sie sich die Situation bildlich vorstellen.

Fliegen, die fliegen, heißen Fliegen, weil sie fliegen. Aber Fliegen, die sitzen, heißen nicht Sitzen, obwohl sie sitzen – sondern Fliegen: wie die Fliegen, die fliegen.

Visualisieren Sie eine felsige Landschaft mit einem Baum. Um die Steine schlängelt sich eine Schlange, die ihren Kopf zum Baum hochreckt. »Sehen« Sie ihre zischende Zunge.

Zwischen zwei spitzen Steinen sitzt eine zischende Schlange und lauert auf zwei zwitschernde Vögel.

➲ Notieren Sie sich im Anschluss in Teil C unter »Sprechausdruck – Artikulation« (S. 154), an was Sie gerne weiterarbeiten möchten.

Regionale Einfärbungen

Um verständlich / deutlich zu sprechen, genügt es oft, über die Klarheit der Gedanken hinaus den Wunsch zu haben, verstanden zu werden.

Dabei ist es wichtig, so deutlich zu sprechen, dass Verstehen für andere möglich ist. Dies heißt jedoch nicht, dass man notwendigerweise in Standardlautung (Hochdeutsch) sprechen müsste.

Dialektale Einfärbungen behindern in der Regel die mündliche Kommunikation nicht. Wirklich dialektfreies Sprechen wird zumeist nur von Sprechprofis wie Schauspielern oder Menschen in anderen Sprechberufen verwendet.

Trotzdem können regionale Sprechstile zu Irritationen beitragen und bis zum Unverständnis im Kommunikationsprozess führen – zum Beispiel durch ihre Lautverschiebungen. Ein »*a*« wird im Fränkischen oft zum »*o*« und ein »*d*« zum »*t*«, so dass eine Aussage zustande kommen kann wie: »Mogst du Till?« statt »Magst du Dill?«.

Diese aus Franken stammende Person mag ihre Frage zwar sehr deutlich aussprechen, wird jedoch von einer in dieser Region fremden Person weniger gut bis gar nicht verstanden.

Wenn es der sprechenden Person allerdings wichtig ist, verstanden zu werden, so wird sie ihr Sprechen in Perspektivenübernahme für die zuhörende Person entsprechend anpassen, ohne ihre individuellen, sprecherischen Muster gänzlich zu opfern. (Wozu viele Dialektsprecher oft auch deshalb nicht in der Lage sind, weil sie ihre Laute als »richtig« hören und empfinden.)

Abschlussübung

Nachdem in diesem Buch die Verbindung von Körper, Atem, Stimme, Gedanke, Emotion und Sprechausdruck verdeutlicht wurde, können Sie versuchen, sich die unten stehende Erzählung »Es war einmal« von Peter Brook[24] unter Berücksichtigung dieser Faktoren zu erarbeiten.

Achten Sie auf Ihre körperliche Balance und darauf, dass Ihre Bauchdecke spannungsfrei ist, damit Ihr Zwerchfell jederzeit neuen Atem einfallen lassen kann. Nehmen Sie sich Zeit für Denk- und Atempausen, und sprechen Sie den Text fließend in klaren Sinnschritten. Seien Sie sich auch Ihrer sprecherischen Ausdrucksmittel gewahr – achten Sie beispielsweise auf Ihre Klangfarbe in den wörtlichen Reden –, und lassen Sie den Text zu einer interessanten Erzählung werden.

Überlegen Sie sich gleichzeitig, aus welcher persönlichen oder beruflichen Perspektive heraus Sie diesen Text vorlesen, bzw. zu wem Sie sprechen möchten. Visualisieren Sie eine Situation, in der Sie diese Geschichte erzählen mögen – Sprechen hat mit Lust zu tun!

Tipp

Lesen Sie den Text zunächst einmal flüsternd – so wie im Kapitel zur Atmung unter »Flüstern« (S. 43) beschrieben. Lassen Sie den ausgehenden Atem weit vor an Ihre Lippen kommen, und artikulieren Sie dort so deutlich, als wollten Sie eine Person in einigen Metern Abstand erreichen. Achten Sie darauf, dass kräftige Impulse von Ihrem Zwerchfell kommen, ohne dass Ihre Kehle nachdrückt.

Sie verbrauchen viel Atem beim Flüstern, wesentlich mehr als beim Sprechen. Artikulieren Sie daher immer nur einen kurzen Sinnschritt, und lassen Sie danach neuen Atem einströmen. Auf diese Weise erarbeiten Sie sich die Erzählung langsam und detailliert, was auch das Erfassen schwieriger Texte (z. B. in gebundener Sprache) erleichtert.

Durch das Flüstern hören Sie den Text deutlich, ohne dass Ihre Stimme ihn gleich interpretiert. Das Flüstern unterstützt Sie dabei, klar zu denken und zu empfinden, und bewahrt Sie gleichzeitig davor, in gewohnte Stimm-Sprechmuster zu geraten. Es kann sein, dass Sie die

24 Peter Brook: Wanderjahre, S. 322 ff.

Gedanken und Stimmungen, die der Text in Ihnen weckt, flüsternd deutlicher wahrnehmen, als wenn sie ihn gleich auf gewohnte Weise stimmhaft lesen würden.

Wenn Sie sich die Erzählung auf diese Weise erarbeitet haben, so sprechen Sie den Text im Anschluss stimmhaft. Übertragen Sie so viel wie möglich von der Erfahrung der Flüsterübung in das Sprechen: Äußern Sie klare Gedanken, und heben Sie die Stimmungen des Textes hervor, ohne dass Ihre Stimme und Sprechweise zu gestalterisch einwirken.

Zeichnen Sie den Text per Handy oder Diktiergerät auf, und nehmen Sie beim Abhören wahr, welche Ihrer verbalen Kommunikationsmittel Sie überzeugt haben.

ES WAR EINMAL ...

Als Gott erkannte, wie schrecklich gelangweilt alle am siebten Schöpfungstage waren, strengte er seine überstrapazierte Erfindungsgabe noch einmal an, um etwas zu finden, das der eben erdachten Vollkommenheit hinzugefügt werden könnte. Plötzlich sprengte seine Inspiration ihre eigenen unendlich weiten Grenzen, und er erkannte einen weiteren Aspekt der Wirklichkeit: ihre Möglichkeit, sich selbst nachzuahmen. So erfand er das Theater.

Er rief seine Engel zusammen, und mit folgenden Worten [...] verkündete er: »Das Theater wird der Bereich sein, in dem die Menschen die geheiligten Mysterien des Universums verstehen lernen können. Und gleichzeitig«, setzte er mit trügerischer Beiläufigkeit hinzu, »wird es den Trunkenbold und den Einsamen trösten.«

Die Engel waren sehr aufgeregt und konnten es kaum abwarten, daß endlich genug Menschen auf der Erde wären, um es wahr werden zu lassen. Die Menschen reagierten mit ebensolcher Begeisterung, und alsbald gab es viele Gruppen, die alle auf unterschiedliche Weise die Wirklichkeit nachzuahmen versuchten. Und doch waren die Ergebnisse enttäuschend. Was sich so erstaunlich, so großzügig und allumfassend angehört hatte, schien ihnen unter den Händen zu Staub zu werden. Insbesondere konnten sich die Schriftsteller, Regisseure, Maler und Musikanten untereinander nicht einigen, wer der Wichtigste sei, und so verbrachten sie einen großen Teil ihrer Zeit damit, sich zu streiten, während ihre Arbeit sie immer weniger befriedigte.

Eines Tages erkannten sie, daß sie nichts zustande brachten, und sie beauftragten einen Engel, zu Gott zurückzukehren und um Hilfe zu bitten.

Gott sann lange nach. Dann nahm er ein Stück Papier, kritzelte etwas darauf, tat es in eine Schachtel und gab sie dem Engel mit den Worten: »Da ist alles drin. Dies ist mein erstes und letztes Wort.«

Die Rückkehr des Engels in der Theaterwelt war ein gewaltiges Ereignis, und die ganze Zunft drängte sich um ihn, als er die Schachtel öffnete. Er nahm das Blatt Papier heraus und faltete es auseinander. Es stand nur ein Wort darauf. Einige lasen es über seine Schulter hinweg mit, als er es den anderen verkündete:

»Das Wort heißt ›Interesse‹.« […].

C. Persönliche Analyse

»Alles Wissen stammt aus der Erfahrung.«
IMMANUEL KANT

Wege zur Selbsteinschätzung

Dieses letzte Kapitel dient Ihrer persönlichen Bestandsaufnahme und der Formulierung individueller Lernziele sowie der Reflektion Ihrer Erfahrungen mit den Übungen.

Sie finden in den nachfolgenden Feedbackbögen eine sich wiederholende Fragensequenz zu den vier Teilaspekten des Sprechens, die im Buch behandelt wurden. In die Auswertungsbögen können Sie sich Notizen zu den Übungen und deren jeweilige Wirkung auf Sie eintragen.

Über- oder unterspannt?

Unabhängig von situationsbedingten oder gesundheitlichen Lebensphasen haben viele von uns eine körperliche Grundkonstitution (erworben), die sich im Extremfall in Form von häufiger oder gar ständiger Über- oder Unterspannung zeigt. Meist gehen damit die Atmungsspannung sowie stimmliche, sprecherische und emotionale Spannungszustände einher.

Um Ihnen eine individuelle Auswahl der Übungen zu erleichtern, greift die oberste Spalte in den Analysebögen die beiden Kategorien »Über- und Unterspannung« auf. Darunter finden Sie eine Auswahl von Übungsempfehlungen. Hinweise und Kommentare sollen Ihnen dazu verhelfen, auf Details zu achten – auch auf solche, die zunächst wenig spektakulär klingen mögen. Es sind jedoch gerade die Details, an denen sich Veränderungen zeigen.

Studien zur Lernförderung an Schulen belegen, dass das Zusammenwirken von Kognition und Emotion bzw. sinnlicher Erfahrung nicht nur größere Lust am Lernen bewirkt, sondern auch größere Erfolge sichert. Sollten Sie den Übungsanleitungen in Teil A genau gefolgt sein, so werden Sie wahrscheinlich zu den körperlichen auch sinnliche und emotionale Erfahrungen gemacht haben. Diese aktivieren bestimmte

Areale im Gehirn. Wenn Sie diese Erfahrungen im Anschluss reflektieren, so werden zusätzliche, dem Sprachzentrum zugehörige Regionen aktiviert. Mehrere Gehirnareale – sowohl jene, die für kognitive, als auch jene, die für emotionale Intelligenz zuständig sind – verarbeiten in dem Fall das Gleiche. Das verspricht kurzfristige Lernerfolge. Dennoch benötigen Veränderungen in mündlichen Kommunikationsprozessen Zeit: Wie viele Jahre haben Sie bereits mit Ihrer gewohnten Körperhaltung, Atemführung, Stimmgebung und Sprechweise gelebt!

Veränderungen

Manche Übungen sind mühsamer als andere, so dass Sie geneigt sein mögen, diese auszulassen. Vielleicht ist es dennoch möglich, dass Sie Teile davon erarbeiten und reflektieren, was Ihnen davon gelingt.

Es kann sein, dass Ihnen manches bekannt vorkommt und Sie aus diesem Grund Übungen »überfliegen« oder auslassen. Dennoch sollten Sie Ihr Interesse für diese Übungen wecken und dabei auf Details achten, die Ihnen anders oder neu erscheinen.

Sie wurden häufiger nach Übungsabschnitten dazu animiert, dem nachzuspüren, was »genau« anders als vorher ist. Stellen Sie sich nach jeder Übungssequenz die Fragen:

- Was war anders?
- Was war neu?
- Was war interessant?

Seien Sie neugierig auf Veränderung oder Erweiterung!

Erkenntnisse

Erkenntnisse tragen dazu bei, neue Fertigkeiten zu manifestieren. Um jedoch aus der Erfahrung mit den Übungen Erkenntnisse zu gewinnen, ist es wichtig herauszufinden, weshalb und wie Übungen auf Sie wirken. Es ist ratsam, im Betrachten wie im Reflektieren sehr sorgfältig vorzugehen, denn spezifische Beobachtungen stellen in Aussicht, dass neu Entdecktes wiederholbar wird und sich deutlich erkennbar äußert.

Manche Übungen werden Ihnen beispielsweise »gut tun«, weil sie entspannend und ausgleichend wirken. Hier stellt sich die Frage, wie sich Entspannung konkretisieren lässt:

- daran, dass Ihr Atem ruhiger fließt?
- daran, dass Ihre Muskelspannung nachlässt?
- daran, dass Sie sich auf sich konzentrieren?

Sollte das so sein, so ist es wiederum interessant, weiter zu forschen und nach den Gründen dafür zu suchen:

- Fließt Ihr Atem deshalb ruhiger, weil Sie einige Male geseufzt haben?
- Wo genau lässt Muskelspannung nach – in der Bauchregion, im Gesicht? Weshalb gerade da?
- Was bedeutet es, auf sich konzentriert zu sein? Wo in Ihrem Körper sind Sie mit Ihrer Aufmerksamkeit dabei: im Bauch, in der Herzgegend, im Kopf?

Seien Sie neugierig auf detaillierte Erkenntnisse!

Feedback anderer einholen

Sowohl zur Selbst- wie zur Fremdeinschätzung ist es hilfreich, andere in ihrer zwischenmenschlichen Kommunikation zu beobachten: Wer wirkt wie auf Sie und warum? Was hilft Ihnen dabei, anderen zuzuhören und zu verstehen? Was lenkt Sie eher ab?

Versuchen Sie Ihre Beobachtungen auf sich zu übertragen: Wie nehmen Sie sich wahr?

Holen Sie sich bei Menschen Ihres Vertrauens Feedback zu Ihrer Wirkungsweise: Lassen Sie sich beschreiben, wann und warum Sie in Ihrer mündlichen Kommunikation einladend und überzeugend wirken.

Persönliche Zielsetzung

Halten Sie fest, woran Sie gerne arbeiten möchten und wer Sie dabei unterstützen könnte – beispielsweise in der Form, dass Sie gemeinsam üben, oder dass Sie jemanden bitten, auf eines Ihrer Lernziele zu achten.

Wichtig ist, sich kurzfristig erreichbare Ziele zu stecken. Es hilft, wenn Sie »positiv denken«, Ihre Aufmerksamkeit auf das, was Ihnen gelingt, zu richten statt auf für Sie Schwieriges.

Bedenken Sie schließlich, dass sich nur im Tun Veränderung erzielen lässt: Bringen Sie Energie zu stetigem Üben auf!

Wenn es Ihnen gelingt, Ihr Interesse an detaillierter Wahrnehmung wach zu halten, werden Sie sicherlich feststellen, dass sich immer Neues erfahren lässt, denn nichts ist in der Wiederholung exakt gleich – weder Übungen noch Erfahrungen.

Nach einiger Zeit des Übens werden Sie deutliche Veränderungen wahrnehmen können.

Feedbackbögen

Körperübungen im Liegen

Ich bin	**tendenziell überspannt**	**tendenziell unterspannt**
Empfohlene Übungen	▪ Lösen durch Kontrahieren ▪ Reise durch das Skelett	▪ Krakenübung
Mein persönliches Lernziel		
Meine Notizen zu den Übungen	Notieren Sie Ihre Erfahrungen – wie: »Bei der Skelettreise entspanne ich sehr, schlafe aber immer wieder ein.«	
2 Wochen später	Beispiel: »Nach der Krakenübung spüre ich meinen Körper mehr; Arme und Beine sind immer gut durchblutet.«	
4 Wochen später	Notieren Sie, was sich verändert hat – wie: »Kann bei der Skelettreise entspannen ohne einzuschlafen«.	
Und so ist es jetzt		

Körperübungen im Stehen

Ich bin	**tendenziell überspannt**	**tendenziell unterspannt**
Empfohlene Übungen	▪ Kniegelenke federn ▪ Gewicht abgeben ▪ Marionette ▪ Kopfüber ▪ Schultergürtel lösen	▪ Abklopfen ▪ Marionette ▪ Ein zweiter Kopf
Mein persönliches Lernziel	Notieren Sie sich kurzfristige Ziele – wie: »Ich will verstärkt auf meine Aufrichtung achten.«	
Meine Notizen zu den Übungen		
2 Wochen später	Beispiel: »Ich denke oft an den ›zweiten Kopf‹.«	
4 Wochen später	»Bin ich größer geworden?«	
Und so ist es jetzt	»Muss mich ständig an meine Aufrichtung erinnern. Vor allem das Kinn will sich oft vorschieben. Sonst alles bestens«	

Atemübungen – Basisübungen

Ich bin	**tendenziell überspannt**	**tendenziell unterspannt**
Empfohlene Übungen	▪ Atem beobachten ▪ Loslassen auf *»fh«* ▪ Loslassen auf *»haa«*	▪ Atem beobachten ▪ Loslassen auf *»fh«* ▪ Loslassen auf *»haa«*
Mein persönliches Lernziel	Notieren Sie Ihre kurzfristigen Ziele – wie: »Ich werde darauf achten, meinen Bauch loszulassen.«	
Meine Notizen zu den Übungen	Notieren Sie Ihre Erfahrungen – wie: »Beim Atem-Beobachten fällt es mir schwer, die Atmung nicht zu beeinflussen.«	
2 Wochen später		
4 Wochen später		
Und so ist es jetzt		

Atemübungen zu vermehrter Kraft

<table>
<tr><th>Ich bin</th><th>tendenziell überspannt</th><th>tendenziell unterspannt</th></tr>
<tr><td>Empfohlene Übungen</td><td>▪ Dinge wegpusten
▪ Luft einschnüffeln
▪ Kopfüber hecheln
▪ Hecheln mit geweiteten Rippen</td><td>▪ Flankenatmung im Sitzen
▪ Dinge wegpusten
▪ Kopfüber hecheln
▪ Luft einschnüffeln
▪ Bogenschießen
▪ In die Luft boxen</td></tr>
<tr><td>Mein persönliches Lernziel</td><td colspan="2"></td></tr>
<tr><td>Meine Notizen zu den Übungen</td><td colspan="2"></td></tr>
<tr><td>2 Wochen später</td><td colspan="2">Notieren Sie Ihre Erfahrungen – wie: »Rippen und Zwerchfell trennen ist kompliziert. Empfinde aber mehr Raum durch die Vorstellung von Weite.«</td></tr>
<tr><td>4 Wochen später</td><td colspan="2">»Das Boxen in die Luft gibt mir mehr Körper- und mehr Atemspannung.«</td></tr>
<tr><td>Und so ist es jetzt</td><td colspan="2"></td></tr>
</table>

Stimmübungen – Freisetzung

Ich bin	**tendenziell überspannt**	**tendenziell unterspannt**
Empfohlene Übungen	▪ Gähnen ▪ Klang ausseufzen ▪ Beckenuhr ▪ Knie schütteln ▪ Lösen, sammeln, senden	▪ Klang ausseufzen ▪ Kopfüber seufzen ▪ Bauch schütteln ▪ Lösen, sammeln, senden
Mein persönliches Lernziel	Notieren Sie Ihre kurzfristigen Ziele – wie: »Ich achte darauf, den Atem freizusetzen, und damit die Stimme.«	
Meine Notizen zu den Übungen		
2 Wochen später	Notieren Sie Ihre Erfahrungen – wie: »Beim Knieschütteln fliegt die Stimme ganz leicht raus.«	
4 Wochen später		
Und so ist es jetzt	Notieren Sie, was sich verändert hat – wie: »Kopfüber und beim Beckenkreisen fühlt sich die Stimme am freiesten an – gleichzeitig kräftig.«	

Lösen der Stimm- und Sprechorgane

Ich bin	**tendenziell überspannt**	**tendenziell unterspannt**
Empfohlene Übungen	▪ Lippenflattern und summen ▪ Nacken und Kiefermuskulatur lösen ▪ Zunge in die Wange drücken ▪ Stimmklang und Zunge ▪ Gaumensegel und Zungenwurzel trainieren	▪ Lippenflattern und summen ▪ Nacken und Kiefermuskulatur lösen ▪ Zunge in die Wange drücken ▪ Stimmklang und Zunge ▪ Gaumensegel und Zungenwurzel trainieren
Mein persönliches Lernziel	Notieren Sie Ihre kurzfristigen Ziele – wie: »Nie mehr Backenzähne zusammenbeißen!«	
Meine Notizen zu den Übungen	Notieren Sie Ihre Erfahrungen – wie: »Wenn ich darauf achte, sind meine Lippen beim Sprechen aktiver. Dann rede ich deutlicher.«	
2 Wochen später	»Es ist zum Verzweifeln: Meine Zunge macht, was sie will. Aber wenigstens ist der Kiefer nicht ständig mit aktiv.«	
4 Wochen später		
Und so ist es jetzt		

Resonanzübungen zum Stimmausbau

Ich bin	**tendenziell überspannt**	**tendenziell unterspannt**
Empfohlene Übungen	▪ Mundresonanz ▪ Finden der mittleren Stimme durch Vokale ▪ Finden der unteren Stimme durch Vokale ▪ Martinshorn	▪ Mundresonanz ▪ Finden der mittleren Stimme durch Vokale ▪ Finden der unteren Stimme durch Vokale ▪ Martinshorn
Mein persönliches Lernziel		
Meine Notizen zu den Übungen		
2 Wochen später	Notieren Sie Erfahrungen – wie: »Ich spreche nicht mehr dauernd so tief. Das ist gewöhnungsbedürftig, fühlt sich aber lebendiger an.«	
4 Wochen später		
Und so ist es jetzt	»Meine Stimme ist tragfähiger geworden. Ich kann besser gegen hohe Geräuschpegel ansprechen, ohne dass es im Hals kratzt.«	

Stimmübungen zu vermehrter Kraft

Ich bin	**tendenziell überspannt**	**tendenziell unterspannt**
Empfohlene Übungen	▪ Kopfüber ▪ Rufe und Schnelle Rufe ▪ Kicken, treten, boxen	▪ Kopfüber ▪ Rufe und Schnelle Rufe ▪ Kicken, treten, boxen
Mein persönliches Lernziel	Notieren Sie Ihre kurzfristigen Ziele – wie: »Ich wende die Rufübungen in den nächsten Wochen beim Joggen an.«	
Meine Notizen zu den Übungen		
2 Wochen später	»›Kicken, treten und boxen‹ weckt meine Energien. Das wirkt sich auf meine Stimme aus – sie ist danach sehr präsent.«	
4 Wochen später		
Und so ist es jetzt	Notieren Sie, was sich verändert hat – wie: »Alle sagen, ich rede jetzt lauter.«	

Mein Körper-Stimmübungsprogramm

Ich bin	tendenziell überspannt	tendenziell unterspannt
Körperübungen		
Übungen zur Freisetzung der Atmung		
Übungen zur Freisetzung der Stimme		
Übungen zur Flexibilisierung der Stimm- und Sprechorgane		
Resonanz-übungen		
Übungen zur Erhöhung der Atemkapazität		
Übungen zur Stimmkraft		

Sprechausdruck – Intonation

Ich bin	tendenziell überspannt	tendenziell unterspannt
Empfohlene Übungen	▪ Vermehrt fallende Kadenzen üben ▪ Zeit zum Atmen lassen	▪ An Texten mit Einschüben schwebende Kadenzen üben
Mein persönliches Lernziel	Notieren Sie Ihre kurzfristigen Ziele – wie: »Ich will mehr auf den Punkt kommen – Stimme runter!«	
Meine Notizen zu den Übungen	Notieren Sie Ihre Erfahrungen – wie: »Jetzt merke ich erst, dass ich beim Sprechen oft am Ende mit der Stimme hochgehe.«	
2 Wochen später		
4 Wochen später		
Und so ist es jetzt	»Habe einen Supervortrag gehalten! Meine Notizen im Skript haben geholfen, die Gedanken abzuschließen und neuen Atem einzulassen.«	

Sprechausdruck – Lautstärke

Ich bin	**tendenziell überspannt**	**tendenziell unterspannt**
Empfohlene Übungen	**Körperübungen:** ▪ Kniegelenke federn **Stimmübungen:** ▪ Lippenflattern und summen ▪ Seufzen und danach sprechen	**Körperübungen:** ▪ Marionette **Stimmübungen:** ▪ Stimm- und Sprechorgane aktivieren ▪ Kicken, treten, boxen und danach sprechen
Mein persönliches Lernziel	»Ich werde verstärkt darauf achten, zu ›senden‹ – andere erreichen!«	
Meine Notizen zu den Übungen		
2 Wochen später		
4 Wochen später	»Ich achte im Alltag mehr auf meine Enden. Ich werde nicht mehr so oft gebeten, mich zu wiederholen – scheinbar spreche ich deutlicher.«	
Und so ist es jetzt		

Sprechausdruck – Klangfarbe

Ich bin	**tendenziell überspannt**	**tendenziell unterspannt**
Empfohlene Übungen	▪ Texte lesen und dabei verschiedene Stimmungen ausprobieren	▪ Texte lesen und dabei verschiedene Stimmungen ausprobieren
Mein persönliches Lernziel	Notieren Sie Ihre kurzfristigen Ziele – wie: »Ich möchte, dass mein Sprechen am Arbeitsplatz sachlicher wird.«	
Meine Notizen zu den Übungen	»In meinen Aufzeichnungen klinge ich wie eine Nachrichtensprecherin; völlig emotionslos. Oder kommt das nur mir so vor?«	
2 Wochen später		
4 Wochen später		
Und so ist es jetzt	Notieren Sie, was sich verändert hat – wie: »Hubert sagt, durch meine Sprechweise wirke ich in den Konferenzen sehr kompetent auf ihn!«	

Sprechausdruck – Tempo und Pausen

Ich bin	**tendenziell überspannt**	**tendenziell unterspannt**
Empfohlene Übungen	▪ Bauch loslassen ▪ Zeit lassen, um neuen Atem einfallen zu lassen	▪ Körperlich aufrichten ▪ Atem hecheln ▪ Texte schneller als gewöhnlich sprechen
Mein persönliches Lernziel	Notieren Sie Ihre kurzfristigen Ziele – wie: »Ich möchte, dass mein Sprechen abwechslungsreicher wird und nicht mehr ein so hohes Grundtempo hat.«	
Meine Notizen zu den Übungen	»Ich lese meinen Krimi laut und langsam. Sehr ungewohnt. Fühlt sich ausgebremst an. Aber danach verhasple ich mich weniger.«	
2 Wochen später		
4 Wochen später	»Ich benutze nicht mehr so viele Füllsel. Lasse mir Zeit zum Denken.«	
Und so ist es jetzt		

Sprechausdruck – Artikulation

Ich bin	**tendenziell überspannt**	**tendenziell unterspannt**
Empfohlene Übungen	▪ Seufzen ▪ Stimm- und Sprechorgane flexibilisieren ▪ Zungenbrecher	▪ Atem hecheln ▪ Stimm- und Sprechorgane flexibilisieren ▪ Zungenbrecher
Mein persönliches Lernziel	Notieren Sie Ihre kurzfristigen Ziele – wie: »Ich möchte meine Lippenspannung aktivieren.«	
Meine Notizen zu den Übungen		
2 Wochen später	»Die Oberlippe ist unbeweglicher als die Unterlippe. Muss mehr ›Kussmund‹ üben.«	
4 Wochen später		
Und so ist es jetzt	»Die Bedeutung der Zunge beim Sprechen ist mir jetzt viel klarer als anfangs. Meine vordere Zunge ist kräftiger geworden.«	

Verzeichnis der Übungen

Literaturhinweise

Arendt, Hannah: Vita activa oder vom tätigen Leben. Piper Verlag, München 2002

Brook, Peter: Wanderjahre – Schriften zu Theater, Film & Oper 1946–1987. Alexander Verlag, Berlin 1989

Büchner, Georg: Lenz. Der Hessische Landbote. Reclam Verlag, Stuttgart 1957

Busch, Wilhelm: Ausgewählte Werke. Nikol Verlag, Hamburg 2004

Cuthbertson-Lane, Rebecca: Breath and the Science of Feeling, in: Jane Boston und Rena Cook: Breath in Action. The Art of Breath in Vocal and Holistic Practice. Jessica Kingsley Publishers, London/Philadelphia 2009

Damasio, Antonio: Ich fühle, also bin ich. Die Entschlüsselung des Bewusstseins. List Taschenbuchverlag, Berlin 2004

Feldenkrais, Moshé: Bewusstheit durch Bewegung. Suhrkamp Verlag, Frankfurt/Main 1982

Geißner, Hellmut: Sprecherziehung. Didaktik und Methodik der mündlichen Kommunikation. Scriptor Verlag, Frankfurt/Main 1986

Gernhardt, Robert: Das war nichts. in: ders., Im Glück und anderswo. Gedichte. S. Fischer Verlag GmbH, Frankfurt/Main 2002

Kleist, Heinrich von: Sämtliche Werke: Dramen, Erzählungen, Gedichte, Briefe. Mit einer Einführung in Leben und Werk. Hrsg. von K. F. Reinking, R. Löwit Verlag, Wiesbaden 1972

Linklater, Kristin: Die persönliche Stimme entwickeln. Ein ganzheitliches Übungsprogramm zur Befreiung der Stimme. Ernst Reinhardt Verlag, Basel 1997

Tomasello, Michael: Die Ursprünge der menschlichen Kommunikation. Suhrkamp Verlag, Frankfurt/Main 2009

Wirth, Günther: Stimmstörungen. Lehrbuch für Ärzte, Logopäden, Sprachheilpädagogen und Sprecherzieher. Deutscher Ärzte-Verlag, Köln 1995

Dank

Ich bedanke mich beim Henschel Verlag für den Auftrag, dieses Buch zu schreiben, und speziell bei Susanne Van Volxem für das Vertrauen, das sie mir entgegengebracht hat.

Meinen Schülerinnen Mareike Hein, Rahel Weiß, Julia Panzilius sowie Daniel Kröhnert und Philipp Weigand danke ich dafür, dass sie sich als Fotomodelle zur Verfügung gestellt haben. Und meinem Schwager Ulrich Sommer für die Geduld beim Fotografieren.

Ich bin froh, meinen Mann und meine Tochter an meiner Seite zu haben. Ich danke Euch, Lothar und Hanna, für Eure Ermutigung und Hilfe!

Und ich danke besonders meinen Kolleginnen und Freundinnen Luitgard Janßen und Christine Findeis-Dorn für ihre Unterstützung, ihre kritischen Anmerkungen und die viele Zeit, die sie mir geschenkt haben.

Danke, Christine!

Danke, Lu!

Über die Autorin

Heidi Puffer ist Sprecherzieherin, autorisierte Linklater-Trainerin und Diplom-Pädagogin. Nach eigenen kommunikativen Erfahrungen in den Bereichen Schauspiel und Pädagogik lehrt sie seit mehreren Jahren Sprecherziehung an der Folkwang Hochschule der Künste, Schauspiel Bochum, und an der Schauspielschule Mainz. Außerdem gibt sie regelmäßig Seminare in Verwaltung und Wirtschaft, Workshops zu Stimme, Sprechen und Textarbeit sowie Einzeltrainings.

www.stimmeundsprechen.de

Außerdem lieferbar:

Wolfram Seidner
ABC des Singens
Stimmbildung, Gesang, Stimmgesundheit
160 Seiten, 31 s/w Abbildungen
ISBN 978-3-89487-541-1

Dieses Buch bietet Sängerinnen und Sängern in kompakter Form das Basiswissen über Bau und Funktion ihres »Instruments«, das ihnen zeigt, wie sie ihre stimmliche Entwicklung bewusst erleben und beeinflussen können. Beschrieben werden in allgemein verständlicher Form die Grundlagen von Psychologie, Anatomie und Physiologie der Stimme. Das Buch gibt außerdem Anregungen zur Vertiefung der gesangsmethodischen Arbeit und hilft, die Gesundheit und Vitalität der Sängerstimme zu erhalten.

Gerhard Ebert
ABC des Schauspielens
Talent erkennen und entwickeln
160 Seiten
ISBN 978-3-89487-474-2

Dieser kompakte, gut nachvollziehbare Leitfaden beschreibt eine in der Ausbildungs- und Theaterpraxis bewährte Methode des Schauspielens, basierend auf dem Wesen des schauspielerischen Schöpfungsakts. Praktisches Handbuch für Schauspieler und solche, die es werden wollen. Zahlreiche Übungen und schauspielerische Vorgaben. Ausblick in die Praxis (Rollenwahl, erste Engagements), Exkurs zum Film.